KB182510

자람집

건강한 자람에 필요한 성교육 모음집

자람집 .zip

노하연 글 · 손세희 그림

경계 존중 편

차례

챕터 3. 내 마음의 경계선

챕터 4. 삐- 이건 경고야!

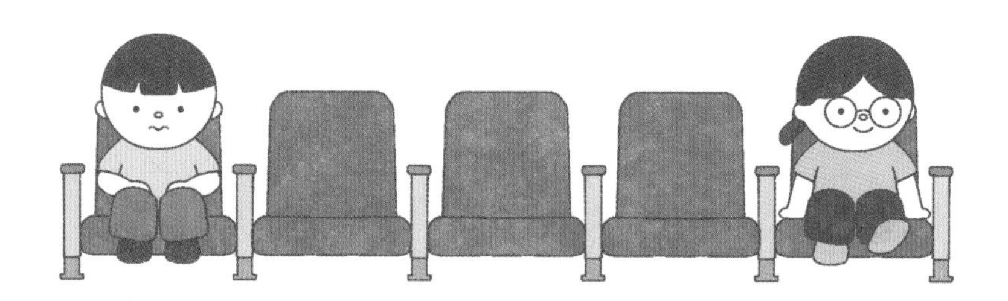

챕터 5. 안전하게 로그인

여는 글

안녕! 이 책을 펼쳐 준 너에게 반가운 인사를 보내. 『자람집』은 너와 친구, 가족이 서로의 마음을 잘 이해하고 배려하는 방법을 배울 수 있도록 만들어진 특별한 책이야.

이 책은 너와 다른 사람의 '경계'를 존중하는 법을 자연스럽게 알려 줄 거야. 여기서 말하는 경계는 내가 좋아하고 싫어하는 것, 나를 편안하게 하거나 불편하게 만드는 것들이야. 모든 사람은 각자 다른 경계를 가지고 있어. 이 경계를 잘 지키면 친구와 더 잘 지낼 수 있고, 서로 기분 좋게 이야기할 수 있는 멋진 관계를 만들어 갈 수 있단다!

『자람집』에는 이런 경계와 배려의 방법이 재미있고 쉽게 담겨 있어. 책 속에는 글뿐만 아니라 네가 직접 생각해 보고 적어 보는 다양한 활동들도 준비되어 있지! 또, 책 속 곳곳에 너를 사랑하는 어른의 메시지도 있어. '사랑하는 너에게 들려주고 싶은 말' 페이지는 보호자가 너에게 하고 싶은 따뜻한 이야기를 담아 둘 공간이야. 이 페이지는 비워 두고, 보호자가 적어 줄 이야기를 기대해 보자!

자, 이제 『자람집』과 함께 '경계 존중'을 시작해 볼까? 서로를 존중하고, 멋진 친구가 되는 방법을 하나씩 알아보자!

『자람집』 지은이,
하연이가

보호자가 작성하는 칸이야.

편지지가 그려진 페이지는 빈칸으로 남겨 줘.

사랑하는 너에게 들려주고 싶은 말

챕터 1. 어린이와 권리

어린이도 권리가 있어!

너무나 당연한 이야기지만 우리 모두에게는 '권리'가 있어! 권리란 누구나 마땅히 누려야 할 자유와 보호를 말해. 어린이들도 예외가 아니지. 나이가 어리다고 해서 아무 권리가 없는 게 아니야. 어린이

도 어른처럼 중요한 권리가 있어!

네가 학교에서 친구들과 즐겁게 놀고 수업을 받으며 배우는 것, 그리고 집에서 가족과 함께 식사하며 이야기하는 것, 이 모든 것이 바로 너의 권리와 연결되어 있어. 예를 들어, 안전하게 학교에 갈 수 있는 것도 '안전하게 보호받을 권리'가 있기 때문이지. 또, 학교에서 너의 의견을 말하거나, 집에서 보호자께 속상한 일을 털어놓을 수 있는 것도 '의견을 표현할 권리'와 '사랑받을 권리'가 있기 때문이야.

한번 이런 상황을 생각해 볼까? 만약 누군가 너의 물건을 허락 없이 가져가거나, 네가 싫다고 말했는데도 계속해서 놀리거나 괴롭힌다면, 그건 너의 권리를 침해하는 일이야. 우리는 언제나 자신을 보호받고 존중받을 권리가 있어.

다음은 '아동 권리 협약'에 적혀 있는 권리 중 일부야. 너에게 필요한 권리에 색칠해 봐. 빈칸에는 여기에 안 적혀 있지만 너에게 중요한 권리를 적어 봐.

폭력과 괴롭힘으로부터
보호받을 권리

건강하게 자랄 권리

내 의견을 말할 권리

도움이 되는 정보를 얻고,
나쁜 정보로부터
보호받을 권리

사생활(내 일상생활)을
존중받을 권리

자유롭게 생각하고,
양심(내 마음)에 따라
행동할 권리

공부할 권리

쉬고 놀 권리

일을 강요받지 않을 권리

모든 종류의 차별로부터
보호받을 권리

부모를 알고 보호자에게
의지해서 돌봄받을 권리

성매매, 성폭력, 성희롱
같은 모든 나쁜 일로부터
보호받을 권리

사랑하는 너에게 들려주고 싶은 말

성적 자기 결정권이란 뭘까?

이제 조금 더 특별한 권리에 대해 이야기해 볼게. 바로 '성적 자기 결정권'이야. 이 단어는 조금 어려울 수 있지만, 쉽게 말하면 '내 몸과 내 마음에 대해 내가 결정할 수 있는 권리'야. 너의 몸은 너의 것이고, 아무도 너의 허락 없이 너의 몸에 손을 대거나 불편한 행동을 해서는 안 돼. 가족이라도 말이지.

예를 들어, 누군가 너에게 장난치려고 할 때, "싫어!"라고 말할 수 있는 권리가 있어. 그리고 상대는 너의 거절을 존중할 의무가 있어. 이건 아주 중요한 일이야. 왜냐하면, 너의 감정과 느낌은 매우 소중하고, 그 누구도 너를 불편하게 하거나 무섭게 해서는 안 되거든.

언제나 기억해야 할 것은, 너는 항상 너의 생각과 감정을 존중받아야 한다는 거야. 다른 사람들도 마찬가지로 존중받아야 하지만, 너도 자신의 권리를 당당히 말하고 지킬 수 있어야 해. 항상 권리를 기억하고, 다른 사람의 권리도 존중해 줘. 우리 모두가 함께 행복하고 안전한 세상을 만들 수 있어.

너의 소중한 성적 자기 결정권을 꾸며 봐!

*이 표시된 부분을 색칠하면 글자가 보일 거야.

챕터 2. 내 몸의 경계선

보이지 않는 경계선

'멋진 어린이 대회'에서 네가 상을 받게 되었어! 어떤 선생님이 상을 받을 사람들이 앉는 자리를 안내해 줬는데, 모르는 어린이 몇 명이 미리 와서 앉아 있어. 만약 너라면 어디에 앉고 싶어?

자리를 선택할 때 옆에 다른 사람이 있는 자리가 조금 부담스럽게 느껴질 수 있어. 그건 바로 우리에게 '경계*'가 있기 때문이야. 친한 사람이랑은 가까이 있어도 편하지만, 낯설고 잘 모르는 사이에는 불편한 마음이 느껴지는 건 내 경계를 지키고 싶은 마음 때문이야. 이런 마음은 자연스러운 거야.

경계는 눈에 보이지 않지만, 우리 마음속의 중요한 선이야. '이건 내 것, 저건 네 것'이라고 구분하는 것처럼 서로의 몸과 마음, 물건, 시간 등 모든 것에는 주인이 있다는 걸 알려 주는 선이 바로 경계선이야! 주인의 허락 없이는 아무도 함부로 할 수 없듯이 경계는 너와 다른 사람을 구분해 주고, 서로를 존중할 수 있도록 도와줘.

경계는 마치 튼튼한 울타리와 같아. 이 울타리가 있으면 내가 안전하게 느껴지고, 다른 사람도 나를 존중해 준다는 것을 알 수 있어. 이 울타리가 무너진다면 나의 안전감과 편안함도 사라질 수 있지. 그렇기 때문에 내 경계를 지키고 상대방의 경계도 존중하는 것은 모두에게 중요한 일이야.

'경계'란 누구나 존중받아야 하는 몸과 마음, 물건 등의 소중한 영역을 구분하는 선이야.

일상 속 작은 경계들

아침에 일어나 보호자가 네 방문을 열었을 때 "노크하고 들어와 주세요!"라고 말한 적 있어? 아니면 친구가 네 필통을 그냥 열어 봤을 때 "내 허락 없이 만지면 안 돼!"라고 말하고 싶었던 적은? 이런 순간들이 바로 경계와 관련이 있어.

너와 다른 사람의 경계를 존중하는 가장 쉬운 방법은 동의를 구하는 거야! 우리 집에 손님이 오면 문을 두드리거나 초인종을 누르지? 그건 집에 사는 사람에게 '들어가도 될까요?'라고 물어보는 거야. 우리의 몸과 마음도 마찬가지로, 누군가가 나의 허락 없이 마음대로 들어오면 안 돼. 친구가 내 방에 들어올 때 노크하는 것처럼 말이야.

나만의 공간과 나만의 시간

우리가 경계를 처음으로 느끼는 곳은 바로 '나만의 공간'이야. 예를 들어, 방은 내가 편안하게 쉴 수 있는 나만의 공간이지. 거실은 가족이 함께하는 공간이지만, 방은 나만의 공간이야. 누군가가 들어올 때는 꼭 노크를 해야 해. 왜냐하면 방은 나의 공간이고, 내가 그곳에서 편안함을 느껴야 하기 때문이야.

또 다른 예로, 휴식을 취할 때 방해받고 싶지 않다면 그건 '나만의 시간'을 지키는 거야. 친구와 함께 시간을 보내는 것도 중요하지만, 혼자 책을 읽을 때도 그만큼 중요한 시간을 보내고 있는 거야!

다양한 모습의 경계

동물들도 각자만의 공간, 경계가 있다는 거 알고 있어? 거북이는 쉬고 싶을 때 자신의 등껍질 안으로 쏙 들어가. 고양이는 자신이 편안하고 안전하다고 생각하는 곳에서만 누워 있어. 개미들은 줄을 맞춰 열심히 일하며 서로의 경계를 잘 지키지.

우리는 모두 서로 다른 몸을 가지고 있어. 얼굴의 생김새가 다르듯, 우리 몸을 지켜 주는 경계의 모습도 각기 달라. 누군가는 인사할 때 가볍게 고개 숙이는 인사를 좋아하고, 누군가는 악수하며 인사하는 걸 좋아해. 너의 경계는 네가 결정할 수 있어!

우리 같이 경계를 색으로 표현해 보자.

여러 가지 색이 겹쳐도 괜찮아. 마음껏 표현해 줘!

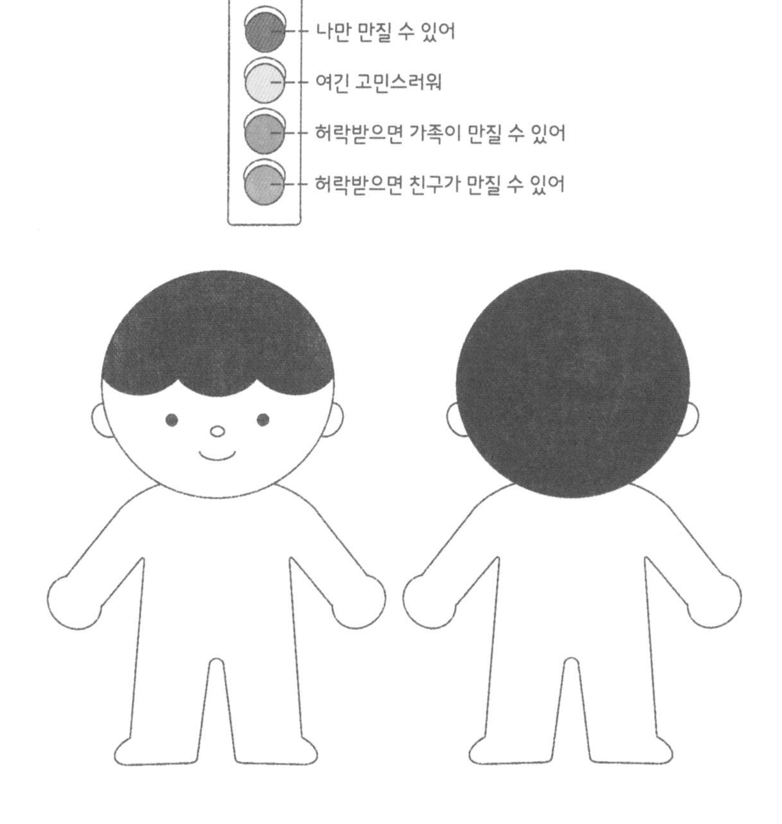

서로의 마음을 존중하는 약속

친구들과 함께 놀거나 활동할 때, 서로 괜찮다고 말하는 마음이 필요해. 이를 우리는 '동의'라고 불러. 동의는 나와 상대방이 모두 기분 좋게 무언가를 하기로 하는 약속이야. 동의를 구할 때는 상대를 배려하는 마음과 거절을 받아들일 준비가 필요해.

예를 들어, 친구의 연필을 빌릴 때 어떻게 해야 할까? 그냥 가져가기보다는 친구에게 먼저 물어보고, 친구가 괜찮다고 대답할 때 그 연필을 빌릴 수 있어. 친구의 물건이니까 친구의 마음을 존중하는 것이 중요해. 친구가 싫다고 한다면, 그건 그 물건을 빌리지 않겠다는 약속이 되는 거야.

물건을 빌릴 때 동의가 필요하듯, 친구의 몸과 마음의 경계에 다가갈 때도 동의가 필요해. 예를 들어, 슬퍼 보이는 친구를 안아 주고 싶다고 생각해 보자. 이때 친구에게 "내가 안아 줘도 괜찮을까?"라고 물어보고, 친구가 "응, 고마워"라고 대답하면 행동해도 좋아. 만약 친구가 지금은 안고 싶지 않다고 하면, 그 친구의 마음을 존중해서 한발 물러나는 거야.

동의는 서로를 존중하는 아주 중요한 약속이야. 내가 친구의 마음을 묻고, 친구가 기분 좋게 동의해 줄 때 우리는 서로 마음을 나누는 멋진 경험을 할 수 있어. 반대로, 친구가 원하지 않으면 그 마음을 그대로 받아들이는 것도 진정한 존중이지. 서로의 감정과 생각을 이해하고 배려하는 진짜 친구가 되기 위해, 우리는 항상 동의를 구하고 마음을 나누는 것을 기억하자!

적극적인 동의가 중요해!

동의는 서로가 진심으로 하고 싶은 마음이 있을 때에만 이루어져야 해. 가끔 친구가 망설이며 "음... 그래"라고 말할 때가 있어. 그럴 땐 그 친구가 진짜 괜찮은 건지 다시 한번 물어보는 게 좋아. '적극적 동의'란 망설임 없이 진짜로 함께하고 싶은 마음이 있을 때만 이루어지는 것이거든.

예를 들어, 친구와 같이 사진을 찍는다고 생각해 보자. "우리 사진 찍을래?"라고 물었을 때 친구가 "응! 나도 찍고 싶어!"라고 기쁘게 대답하면 친구도 사진 찍기를 즐길 준비가 된 거야. 하지만 친구가 "어... 뭐, 괜찮아"라며 주저하는 듯 보이거나 대답하지 않는다면, 사진 찍는 것이 조금 불편한 걸지도 몰라. 그런 상황에서는 사진 찍기를 멈추거나 다른 방식을 제안해 보는 것이 배려하는 태도야.

적극적 동의는 서로가 기분 좋게 동참하고 싶다는 마음을 확실하게 표현하는 거야. 망설임 없이 "응, 정말 좋아!"라거나 "나도 하고 싶어!"라고 말하는 적극적인 동의가 있을 때, 서로 더 안심하고 기분 좋게 활동을 함께할 수 있어. 언제나 상대방의 마음을 확인하고, 진짜로 하고 싶어 하는지 물어보는 것이 진정한 존중이야!

동의는 매 순간 필요해!

동의는 단순히 허락받는 걸로 끝이 아니야. 매 순간 상대가 여전히 그 행동에 대해 괜찮은지, 기분이 변하지 않았는지 신경 쓰는 태도까지가 동의라 할 수 있어. 사람의 기분이 바뀌듯, 동의도 시간이 지나면서 상황에 따라 바뀔 수 있기 때문에 그때그때 서로의 마음을 확인하는 것이 중요해.

예를 들어, 친구와 장난치기로 동의했더라도 시간이 지나면서 기분이 달라질 수 있어. 처음엔 즐겁게 웃으며 장난을 치다가도, 어느 순간 친구가 더 이상 재미를 느끼지 못하고 불편해한다면, 그때의 동의를 다시 확인해야 해. 이 말은, 그 친구가 "이제 그만하고 싶어"라고 마음이 바뀔 수 있음을 이해하고 다시 한번 괜찮은지 물어봐야 한다는 거야.

'현재적 동의'는 상대방의 마음과 기분이 시간이 지나면서 변할 수 있다는 것을 존중하고, 그 순간의 느낌을 다시 물어보는 것이야. 이렇게 하면 상대방이 언제든지 편안하게 자신의 기분을 표현할 수 있고, 서로가 안전하고 즐겁게 함께할 수 있어.

그림을 보고 다음 상황에서 친구에게 동의를 구하는 말을 적어 봐!
예시를 참고해도 좋아.

상황	동의를 구하는 말
사진을 찍고 싶을 때	예) "사진 찍고 싶은데, 너도 괜찮아?" "다른 친구에게 이 사진 보여 줘도 돼?"
친밀한 행동을 할 때 (예: 손을 잡거나 껴안기)	예) "(손을 내밀며) 우리 손 잡을래?" "기분이 안 좋아 보여. 안아 줘도 될까?"
게임이나 활동을 제안할 때	예) "같이 놀래?" "이 게임 해 보고 싶은데 같이 할래?"

경계를 지켜 줘

때로는 편하지만, 때로는 불편해

우연히 친구를 만나서 너무 반가운 나머지 꼭 껴안았던 적 있니? 또는 누군가가 갑자기 다가와 손을 잡을 때 어색하거나 불편했던 적이 있을지도 몰라. 그럴 때 느껴지는 불편함은 경계가 무너졌기 때문이야.

손을 잡는 것, 껴안는 것 같은 작은 신체 접촉도 상대방의 동의가 필요해. “내가 너를 안아도 될까?”라고 묻는 건 상대방의 경계를 존중하는 방법이야. 만약 상대가 “아니”라고 대답한다면, 그건 그 순간에 상대방이 불편함을 느끼고 있다는 신호야. 그때는 상대의 경계를 지켜 줘야 해.

‘싫어요’를 말할 수 있는 용기

고양이의 털이 삐쭉삐쭉 서 있는 걸 본 적 있니? 그건 고양이가 경계를 넘지 말라고 보내는 경고야. 우리가 “싫어”라고 말하는 것과 같지. 이 말은 내 경계를 알리는 신호야. 나의 몸을 다른 누군가 만지거나 보려고 할 때 언제든지 좋고 싫음을 내가 결정할 수 있어. 내가 불편함을 느끼거나 상대방이 내 경계를 넘는 행동을 할 때 “싫어”라고 말하는 것은 나를 보호하는 가장 중요한 방법이야. 이 말은 부끄럽거나 무례한 것이 아니야. 오히려 용기 있는 행동이고, 나를 지키기 위한 멋진 선택이란 걸 기억해!

동물 친구들의 '싫어요'를 표현하는 다양한 방법

고슴도치는 위험을 느낄 때 몸을 동그랗게 말아서 가시를 세워. 이 행동은 "다가오지 말아 줘!"라는 신호야. 고슴도치는 다른 동물들이 다가올 때 불편함을 느끼면 자신의 경계를 확실하게 보여 주는 멋진 동물이지. 너도 고슴도치처럼 손을 번쩍 들어서 밀어내듯 해 봐.

사자는 넓은 초원에서 자신의 영역을 지키는 왕이야. 사자는 자신의 영역에 누가 들어올 때 큰 소리로 으르렁거리며 경고해. 누군가가 허락 없이 들어오면 불편함을 느끼고, 경계를 알리는 행동을 하지. 용감한 사자처럼 "싫어!"라고 경고해 보자.

마지막으로 아기 캥거루를 떠올려 봐! 아기 캥거루는 무서운 일이 생길 때 쌩~! 빠르게 도망가서 엄마 캥거루 주머니 속으로 들어가지. 때로는 도망가는 것도 용기 있는 행동이야! 누군가 널 불편하게 만든다면 그 자리를 떠나자.

'경계 침범'은 다른 사람의 허락 없이
그 사람이 불편해할 수 있는 말이나 행동을 하는 것을 말해.

사랑하는 너에게 들려주고 싶은 말

거절을 연습해 보자.

단어를 따라 써 보고, 그림도 따라 그려 봐!

경계는 언제든 바뀔 수 있어

경계는 한번 정하면 평생 그대로일까? 그렇지 않아! 경계는 고정되지 않고 늘 변할 수 있는 유연한 선이야. 너의 기분이나, 지금 처한 상황, 상대방이 누구인지, 장소가 어디인지에 따라 경계는 달라질 수 있어. 중요한 것은 서로의 경계가 언제든 변할 수 있음을 알고, 그 변화를 이해하고 존중하는 마음이야. 경계를 지킨다는 것은 상대방의 기분과 상황을 배려하고, 그 순간을 함께 존중하는 행동이야.

서로의 경계가 달라질 때, 우리는 "지금은 괜찮아?", "이렇게 해도 될까?"라고 물어보는 작은 말 한마디로 서로의 마음을 더 잘 이해할 수 있어. 그때그때 다른 경계를 존중하면서, 더 나은 관계를 만들어 가자!

기분에 따라 달라지는 경계

경계는 내가 오늘 어떤 기분이냐에 따라 달라질 수 있어. 만약 네가 이어달리기에서 1등을 했다면 어떨까? 같은 팀 친구들이 달려와 안아 줄 거야. 이렇게 기분이 좋을 때는 친구가 나를 안아 줘도 즐겁지만, 피곤하거나 속상한 일이 있을 때는 "지금은 원하지 않아"라고 말할 수 있어. 상대의 기분을 살피고 서로의 감정을 존중해 주며 경계를 지키자!

상황에 따라 달라지는 경계

경계는 내가 처한 상황에 따라서도 달라질 수 있어. 놀이 시간에 친구와 장난치는 것은 재미있지만, 공부 시간에는 집중하고 싶어서 장난이 불편할 수 있어. 상황에 맞게 서로의 경계를 조절하는 것이 중요해!

상대에 따라 달라지는 경계

경계는 상대방이 누구냐에 따라 달라지기도 해. 가족과 친구, 선생님과 낯선 사람 사이에서 느끼는 경계는 모두 다를 수 있어. 친한 친구라면 가까이 다가오는 것이 편안하지만, 잘 모르는 사람에게는 더 조심스러운 경계가 생길 수 있지.

장소에 따라 달라지는 경계

경계는 내가 있는 장소에 따라서도 달라질 수 있어. 집에서는 편안하게 느낄 수 있는 행동이지만, 공공장소에서는 조심스러워야 할 때가 있어. 장소마다 다르게 적용되는 경계를 이해하고, 그에 맞게 행동하는 것이 중요해.

집에서는 소파에 누워서 편하게 책을 읽을 수 있지만, 학교에서는 의자에 앉아 있어야 해. 집이나 공원에서는 큰 소리로 이야기해도 되지만, 도서관이나 영화관처럼 다른 곳에 집중해야 하는 곳에서는 조용히 말하고 차분히 행동해야 해.

42p에 있는 '행동 목록'을 읽어 봐. 네가 생각하기에 그 행동이 상대가 너의 경계를 존중한 것 같다면 여기에 적어 봐.

42p에 있는 '행동 목록'을 읽어 봐. 네가 생각하기에 그 행동이 상대가 너의 경계를 함부로 넘어온 것 같다면 여기에 적어 봐.

경계는 언제든 바뀔 수 있어. 같은 행동이어도 상대에 따라 달라지기도 해.
어떤 상대가 어떤 행동을 할 때를 생각해 보며 너의 경계를 정해 봐.

행동 목록	
배 아플 때 배 만져 주기	팔짱 끼고 걷기
머리 쓰다듬기	꽉 안기
손가락 걸기	손깍지 끼기
엉덩이 부딪히기	등 쓰다듬기
머리카락 잡아당기기	볼 만지기
하이파이브 하기	냄새 맡기
간지럽히기	귀에 바람 불기
손 크기 재기	어깨 주물러 주기
밥 먹여 주기	선크림 발라 주기
핸드폰 화면 쳐다보기	옷 입혀 주기
화장실 문 계속 두드리기	먼지 떼 주기
얼굴 가까이 다가오기	입에 묻은 것 닦아 주기
다리 주물러 주기	허리 감싸기
어깨 토닥이기	몸을 쿡쿡 찌르기

누구랑 할 수 있을까?

신체 접촉에 따라 할 수 있는 사람이 다르다는 거 알고 있었니? 우리는 가족과는 친밀하게, 친구와는 가볍게, 선생님과는 존중의 거리에서, 그리고 낯선 사람과는 더 멀리 신체 접촉을 조절해야 해. 이 경계를 이해하고 지키는 것이 건강한 관계를 유지하는 데 매우 중요해.

운동장에서 친구와 놀다가 기분이 좋아서 어깨동무를 해 본 적 있니? 같은 행동을 학교에서 선생님께 하거나 낯선 사람에게 하면 불편한 상황이 될 수 있어. 이처럼 상황과 관계에 맞게 신체 접촉을 조절하는 법을 배우는 것이 중요해.

가족과의 신체 접촉: 자유롭고 따뜻하게

가족은 우리에게 가장 가까운 사람들이야. 아침에 일어나 가족과 "좋은 아침!" 인사를 하며 가볍게 뽀뽀하거나 포옹하는 건 가족이라서 편안하게 할 수 있는 신체 접촉이야. 가족은 나를 항상 사랑하고 지지해 주는 사람들이기 때문에 이런 신체 접촉은 서로의 애정을 표현하는 방법이 될 수 있어. 하지만 내가 기분이 안 좋거나 원하지 않을 때는 언제든 거절할 수 있어.

친구와의 신체 접촉: 적절한 거리를 유지하기

친구와는 가족만큼 가까운 신체 접촉은 아니지만, 손을 잡거나 어깨동무를 하며 친밀함을 표현할 수 있어. 친구를 만났을 때 반가운 마음에 손을 잡고 함께 뛰어다닐 수 있어. 경기에서 이기고 기쁠 때는 어깨동무를 할 수 있어. 하지만 뽀뽀는 친구 사이에서 불편함을 줄 수 있어. 그래서 신체 접촉은 서로가 편안한지 확인하고, 적절한 정도에서 이루어져야 해.

선생님과의 신체 접촉: 존중과 예의가 필요해

선생님과 학생의 관계는 가르치고 배우는 관계야. 상을 받을 때 선생님과 악수를 하거나, 축하의 의미로 어깨를 가볍게 두드려 주는 정도의 신체 접촉은 괜찮아. 하지만 선생님에게 포옹을 하거나 지나친 신체 접촉은 어울리지 않아. 선생님을 존중하고 예의를 지키는 거리가 필요해.

잘 모르는 사람과의 신체 접촉: 거리 두기가 필요해

처음 만난 사람이나 잘 모르는 사람과는 신체 접촉을 피하는 게 가장 안전해. 모르는 사람에게 다가가거나, 신체 접촉을 시도하는 것은 상대방에게 불편함을 줄 수 있어. 경비원이나 보안관 선생님처럼 자주 만나지만 대화를 많이 나누지 않는 사람과도 신체 접촉은 피하는 게 예의야. 언제나 거리를 유지하고, 필요한 경우에만 적절한 인사나 동의를 구하는 것이 중요해!

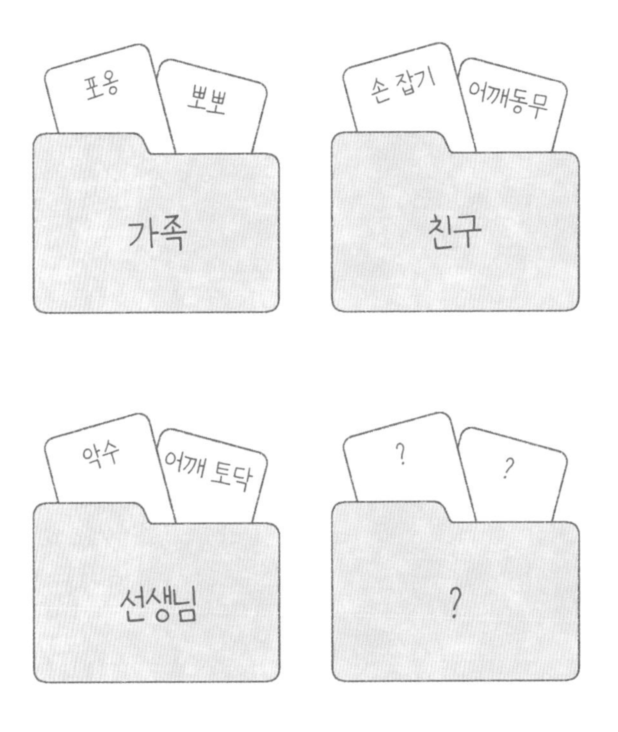

너는 누구랑 어떤 신체 접촉을 하고 싶어? 어떨 때 기분이 좋거나 별로야? 너의 이야기를 빈칸에 채워 봐!

1. 운동회에서 우리 반이 1등을 한다면 나는 ____(사람)____ 와/과 하이파이브를 할 거야.
2. 내가 슬퍼서 울 때 ____(사람)____ 이/가 날 안아 주면 좋겠어.
3. ____(사람)____ 은/는 얼굴은 알지만 대화를 많이 나눠 보지 않아서 가볍게 목인사를 하는 게 편해.
4. 학교 보안관 선생님과는 인사만 해 본 사이라서 ____(행동)____ 을/를 하면 불편할 것 같아.
5. 친구가 집에 같이 걸어가자고 한다면 ____(행동)____ 게 적당해.
6. ____(사람)____ 와/과 손을 잡으면 설레고 기분이 좋을 것 같아.
7. ____(사람)____ 와/과 만나서 놀면 나랑 잘 맞아서 마음이 편해.
8. 학교에서 소풍을 가게 된다면 ____(사람)____ 와/과 팔짱을 끼고 돌아다니고 싶어.
9. 힘든 일이 있을 때 ____(사람)____ 이/가 내 곁에 있어 준다면 힘이 될 것 같아.
10. 내 옆자리에 ____(사람)____ 이/가 앉는다면 가까이 붙어 있어도 좋아.
11. 담임 선생님이 나에게 ____(행동)____ 을/를 하면 기분이 별로야.

언제나 동의가 필요해!

일상에서 어려운 상황에 처한 사람을 보면 도와주고 싶을 때가 있어. 예를 들면, 무거운 짐을 노인이 혼자 들고 갈 때나, 길을 찾고 있는 시각 장애인을 볼 때, 혼자 병뚜껑을 못 따고 있는 친구를 볼 때 도와주고 싶은 마음이 생길 수도 있지. 하지만 좋은 일에도 항상 동의가 필요해. 왜냐하면 상대방은 나와 다른 경계를 가지고 있고, 의견이 다를 수 있기 때문이야.

만약 휠체어를 탄 사람을 도와주고 싶다면 어떻게 해야 할까? 맞아. 먼저 물어보는 거야. "제가 도와드릴까요?"라고 말이지. 상대방이 "네, 감사합니다"라고 동의할 때만 도와줄 수 있어. 만약 대답하지 않거나 "아니요, 괜찮아요"라고 말한다면 도와주면 안 돼. 그 사람이 원하는 방법과 속도가 있고 그 사람만의 몸의 경계가 있기 때문이야.

길에서 시각 장애인과 함께 걷는 안내견을 만나면 어떻게 해야 할까? 귀여운 안내견의 모습에 만져 보고 싶고 예쁘다고 말해 주고 싶을 수 있어. 하지만 안내견은 시각 장애인을 돕는 중요한 역할을 하고 있는 중이기 때문에, 허락 없이 만지거나 말을 걸어서는 안 돼. 대신 멀리서 바라보며 안내견에게 '엄지척' 해 주면 어떨까? 이러한 태도가 모두를 존중하는 멋진 모습이야.

동의를 구하는 것은 단지 예의가 아니라, 서로의 경계를 존중하는 중요한 행동이야. 아무리 착한 마음이라도 상대방의 감정과 상황을 먼저 이해하고 물어보는 것이 필요해. 동의 없이 도움을 주는 행동은 때로는 불편함을 줄 수 있어. 그래서 우리는 언제나 먼저 묻고, 상대방의 대답을 기다려야 해.

챕터 3. 내 마음의 경계선

마음의 울타리

경계는 보이지 않는 선이란 거 알고 있지? 우리 몸에 경계가 있듯이 우리 마음에도 경계가 있어. 마음의 경계는 내가 무엇을 좋아하고 싫어하는지, 어떤 말을 듣고 싶고 듣고 싶지 않은지, 어떤 행동이 편하고 불편한지 등을 정해 줘. 마음의 울타리를 잘 지키고, 다른 사람의 울타리도 존중하는 것이 서로를 행복하게 만드는 길이야.

하지만 가끔 우리는 다른 사람의 마음의 울타리를 넘는 말을 할 때가 있어. 이런 말들은 상대방의 마음을 불편하게 하고, 상처를 줄 수 있어. "너 뚱뚱해!" 다른 사람의 외모를 평가하거나, "넌 왜 이렇게 못해? 바보 같아!" 실수를 지적하는 말은 친구의 마음을 상하게 하고 자존감을 낮추게 해. 친구가 마음에 들지 않을 때 "너랑 안 놀아", "너 싫어"와 같은 말을 한다면 친구는 외롭고 슬플 거야.

마음의 울타리를 잘 지키기 위해서는 서로의 감정과 생각을 존중하는 자세가 중요해. 내 마음이 소중하듯, 다른 사람의 마음도 소중해. 네 감정을 표현하고 싶다면, 상대에게 상처가 될 수 있는 말은 피해서 말해 보자. 예를 들어 실수를 한 친구에게 "괜찮아, 실수는 누구나 해", "다음에 더 잘할 수 있을 거야!"라고 말하면 친구는 용기를 얻을 거야.

"괜찮아, 실수는 누구나 해."

"넌 할 수 있어."

"네 감정은 중요해."

"넌 소중한 사람이야."

"넌 그냥 있는 그대로 충분히 멋져."

"한 번에 잘하지 못해도 괜찮아,
조금씩 나아지면 돼."

"힘들면 다른 사람에게 도움을 청해도 돼.
우리는 함께 해결할 수 있어."

사랑하는 너에게 들려주고 싶은 말

잡아라! 마음 도둑

우리의 마음은 참 소중해. 마음 안에는 사랑, 용기, 희망, 자신감 같은 중요한 것들이 가득하지. 이 모든 것들은 네가 행복하고 건강하게 자라나는 데 큰 힘이 돼. 그런데 때때로 누군가가 내 마음 울

타리를 넘으려 할 때면, 내 소중한 것들을 빼앗으려는 '마음 도둑' 처럼 느껴질 때가 있어. 이럴 땐 사랑할 용기가 없어지거나 자신감을 잃게 될 수도 있지. 그래도 걱정하지 마! 마음 울타리를 튼튼하게 만들면 그런 마음 도둑으로부터 소중한 것들을 잘 지킬 수 있어. 같이 마음 울타리를 튼튼하게 만드는 방법을 배워 보자!

첫 번째로는 내 마음을 표현할 수 있는 용기를 갖는 거야. 몸의 경계를 지킬 때 "싫어!"라고 용기 있게 말하는 방법을 배웠어. 마찬가지로 마음 도둑이 나쁜 말을 할 때는 "그런 말은 속상해. 그런 말 하지 마!"라고 말할 수 있어.

두 번째로 내 울타리 안에 긍정적인 말들을 채우는 거야. 울타리를 넘어 들어오는 나쁜 말에 신경 쓰지 말고, 스스로에게 좋은 말과 생각을 하는 거지! "나는 소중해!", "나는 할 수 있어!"와 같은 긍정적인 말을 해 봐. 그러면 네 울타리는 점점 튼튼해지고 마음 도둑은 널 이길 수 없을 거야. 스스로 좋은 말과 생각을 하기 어려울 때도 있어. 그럴 때는 다른 사람의 도움을 받아 보자! 너를 존중하고 사랑해 주는 친구와 가족은 네 울타리를 지켜 주는 훌륭한 지원군이야. 친구와 가족들의 따뜻한 말들이 네 울타리를 지켜 줄 거야.

마지막으로 마음이 너무 힘들 때는 도움을 요청하는 방법이 있어. 가끔 마음 도둑이 너무 강해서 혼자서 이겨 내기 힘들 때가 있어. 그럴 때는 주변에 도움을 요청해야 해! 가족이나 선생님, 또는 친구에게 이야기를 하면 함께 문제를 해결할 수 있어.

네 마음속 소중한 것들을 훔치러 오는 마음 도둑을 막아 보자. 마음 울타리를 튼튼하게 만드는 좋은 말과 생각들을 벽돌에 적어 봐! 널 사랑하고 존중해 주는 가족과 친구들이 해 준 말들을 적어도 좋아. 튼튼한 울타리를 만들어서 마음 도둑이 다가오지 못하게 가려 줘!

앗! 못 들어가겠다..!

네 마음에 귀 기울여 봐

마음에 상처를 받은 적이 있니? 친구가 나쁜 말을 했을 때, 시험을 망쳤을 때, 또는 누군가 나를 놀렸을 때 마음이 아플 수 있어. 이런 상처를 받으면 마음도 몸처럼 보살펴 줘야 해. 마음의 상처를 그대로 두면 더 커질 수 있기 때문에, 상처를 보듬고 나를 돌보는 과정이 정말 중요해. 마음을 잘 돌봐야 더 훌륭한 어린이로 성장할 수 있어!

먼저, 내 마음이 상처를 받았을 때는 '내가 지금 어떤 감정을 느끼고 있는지' 알아차리는 것이 첫 번째야. 행복, 즐거움 등은 좋은 감정이고 슬픔, 분노 등은 나쁜 감정이라고 나눠서 생각하기 쉬워. 그런데 사실 모든 감정은 우리가 성장하는 데 도움이 돼. 어떤 날은 해가 쨍쨍한 날처럼 기분이 좋고, 어떤 날은 비구름이 낀 날처럼 울적하거나 슬플 때도 있어. 날씨에 옳고 그름이 없듯이, 감정에도 정답은 없어. 네가 느낀 모든 감정은 자연스러운 거야.

내 감정을 알아차렸다면, 이제 그 감정을 표현하는 것이 중요해.

감정을 속으로 참기만 하면 더 큰 상처가 될 수도 있어. 감정을 표현하는 방법에는 다양한 방법이 있어. 누군가 나에게 상처 주는 말을 할 때, 그 말을 속으로 참지 말고 직접 표현하는 것도 좋아. "나는 지금 너무 속상해." "그런 얘기를 들으니까 화가 나." 이렇게 말이야! 만약 말로 표현하기 어렵다면 편지를 적어 보는 것도 방법이야. 이 편지는 꼭 전달하지 않아도 돼. 내 마음을 자유롭게 표현해 보는 거지. 편지가 부끄럽다면, 일기를 쓰는 것도 좋아. 혹시 그림 그리는 걸 좋아하니? 내 마음이 어떤 상태인지 그림으로 자유롭게 표현해 봐. 이렇게 감정을 표현하다 보면, 더 이상 혼자 끙끙 앓지 않고 마음이 조금씩 가벼워질 거야!

우리 마음은 날씨 같아.

어떤 날에는 비바람이 불고, 어떤 날에는 무지개가 뜨지.

날짜		오늘의 날씨	

해가 쨍쨍한 날처럼 내 마음이 따뜻했던 날을 적어 봐.

날짜		오늘의 날씨	

흐린 날처럼 내 마음이 울적했던 날을 적어 봐.

날짜		오늘의 날씨	

천둥 번개 치는 날처럼 내 마음이 무서웠던 날을 적어 봐.

날짜		오늘의 날씨	

펑펑 눈 오는 날처럼 내 마음이 설레었던 날을 적어 봐.

날짜		오늘의 날씨	

무지개가 활짝 핀 날처럼 행복했던 날을 적어 봐.

사랑하는 너에게 들려주고 싶은 말

진심 어린 사과

우리 모두는 가끔 실수를 하거나 다른 사람에게 상처를 줄 때가 있어. 그럴 때 가장 중요한 것은 진심 어린 사과야. 사과는 잘못을 인정하고 상대방의 마음을 살펴보는 태도로 다시 관계를 회복할 수 있도록 도와줘. 진심 어린 사과는 단순히 "미안해"라는 말로 끝나는 것이 아니라 상대의 감정을 이해하고 책임지는 자세에서 시작돼.

사과의 첫 번째 단계: 잘못 인정하기

진정한 사과를 하기 위해서는 먼저 내가 무엇을 잘못했는지를 정확히 알아야 해. 만약 상대방이 상처받았다면, 그 이유를 이해하고 그 감정을 존중하는 것이 중요하지. 자신의 행동이 상대에게 어떤 영향을 미쳤는지 생각해 보고, 그 부분을 명확히 인정하는 것이 사과의 첫 번째 단계야. 만약 무엇이 잘못인지 모르겠다면, 상대방에게 사과를 전하며 물어보는 자세가 필요해. 앞으로 같은 실수를 하지 않도록 말이야!

사과의 두 번째 단계: 진심을 담아 표현하기

단순한 "미안해"보다는, 구체적으로 "내가 이런 행동으로 너에게 상처를 줬어. 정말 미안해"라고 말하는 것이 훨씬 진심이 느껴질 거야. 자신의 실수에 대한 설명과 함께, 상대방이 느꼈을 감정에 공감하며 말하는 것이 중요하지. 사과를 통해 상대방에게 상처를 준 것을 후회하고 있음을 전달해 봐.

사과의 세 번째 단계: 변화 의지 보이기

사과 후에는 같은 실수를 반복하지 않겠다는 의지를 보여 주는 것도 중요해. 상대방은 너의 사과가 진심인지, 앞으로의 행동에서 변화가 있을지 궁금할 거야. "다음에는 더 신중하게 행동할게"라는 말과 함께, 구체적으로 어떻게 개선할 것인지 설명하면 사과의 진심이 더 잘 전달될 거야.

진심 어린 사과는 잘못을 고백하는 용기에서 시작되고, 상대방의 감정을 존중하는 마음으로 완성되지. 사과를 통해 우리는 실수를 바로잡고, 친구와의 믿음을 다시 쌓을 수 있어. 진심으로 사과하는 방법을 배운다면, 더 좋은 친구와 더 건강한 관계를 만들 수 있을 거야.

진심 어린 사과는 말뿐만 아니라, 마음과 행동을 통해 상대에게 전하는 중요한 메시지라는 점을 꼭 기억해!

진심 어린 사과를 위한 세 가지 마법의 문장:
"미안해. 내가 실수했어."
"내가 널 속상하게 만들어서 미안해."
"다음에 더 조심할게."

진심 어린 사과의 힘을 알려 주는 책:
『사자가 작아졌어!』

각 상황에 어울리는 사과 문장을 적어 봐!
예시를 참고해도 좋아.

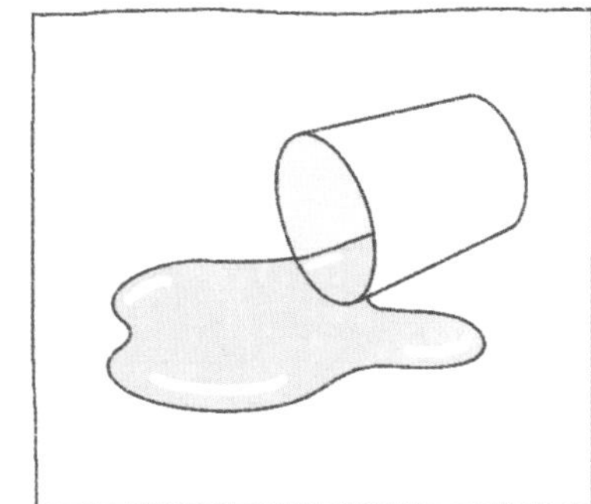	친구의 물을 실수로 엎었을 때
	친구의 몸을 실수로 쳤을 때
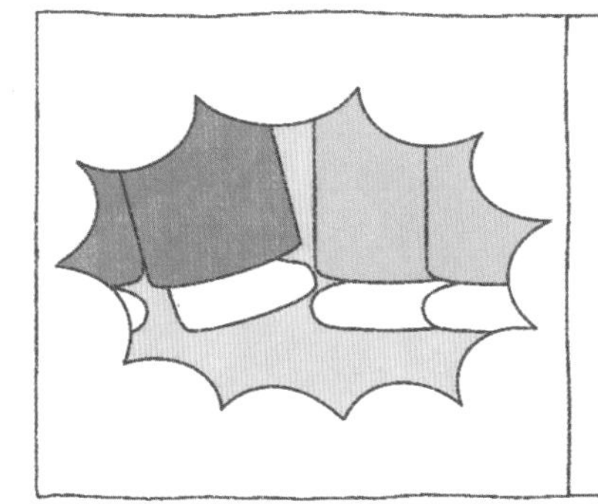	친구의 발을 실수로 밟았을 때

	친구에게 빌린 물건을 실수로 망가뜨렸을 때
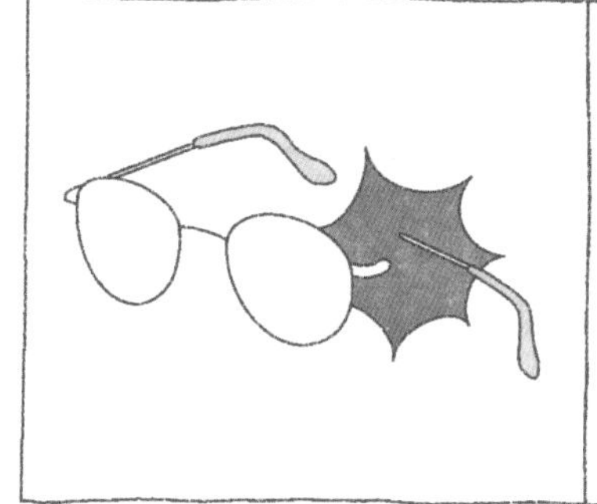	친구의 안경을 실수로 부러뜨렸을 때

사과 문장 예)

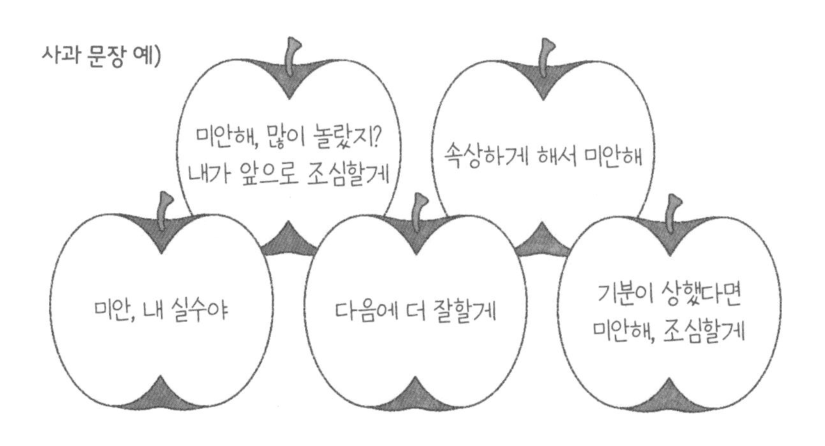

진정한 동의는 평등한 관계에서

우리가 경계를 존중할 때 중요한 것 중 하나는 상대방에게 동의를 구하고 그 대답을 존중하는 태도야. "해도 될까?", "괜찮을까?"라고 묻고, 상대방이 정말 괜찮다고 말할 때만 행동하는 거지. 하지만 때로는 동의를 하더라도 진짜 동의가 아닐 때가 있어. 왜 그럴까? 그건 상대방과 내가 평등한 관계가 아닐 때야. 평등한 관계가 아니라면 부탁을 거절하기 어려울 수 있거든.

예를 들어, 선생님이 나에게 무언가를 시켰을 때 거절하기 어려울 수 있어. 왜냐하면 선생님은 나보다 나이도 많고, 나를 가르치는 사람이니까, 나는 학생으로서 선생님의 말을 따라야 한다고 느낄 수 있어. 이런 상황에서 내가 "아니요"라고 말하기는 쉽지 않아. 진정한 동의는 평등한 관계에서만 의미가 있어. 상대방과 내가 동등한 위치에 있어야 편안하게 동의하거나 거절할 수 있거든.

우리 관계는 평등할까?

동의가 진짜 의미를 가지려면, 우리가 서로 평등한 관계에 있는지 확인하는 게 중요해. 다음 가이드를 통해 우리 관계가 평등한지 한 번 생각해 볼까?

❶ 상대방의 눈치를 보지 않고 거절할 수 있어? | 만약 내가 상대방의 부탁을 거절하기 어려워서, 상대방이 나를 싫어할까 봐 걱정이 된다면, 그 관계는 평등하지 않아. 편안하게 "아니"라고 말할 수 있다면, 그건 평등한 관계일 가능성이 높아.

❷ 동의하거나 거절해도 우리 관계는 그대로야? | 내가 동의하거나 거절했을 때 상대방이 나를 다르게 대하지 않는지 생각해 봐. 만약 "싫어"라고 말했을 때 상대방이 기분 나빠 하지 않고, 여전히 똑같이 대한다면 우리는 평등한 관계일 수 있어. 반대로 거절할 때 관계가 나빠지거나 틀어질까 봐 걱정된다면, 그건 우리 관계가 평등하지 않다는 신호야.

❸ 거절했을 때 상대방이 너의 결정을 존중해? | 상대방이 내가 싫다고 말했을 때 그 결정을 존중하고 받아들여 준다면 우리 관계는 평등해. 하지만 내가 거절했음에도 계속 부탁하거나 내 결정을 무시하려 한다면, 그건 평등하지 않은 관계야.

❹ 나도 상대방에게 똑같이 부탁할 수 있어? | 내가 상대방에게 똑같이 무언가를 부탁했을 때 상대방이 나와 동등한 입장에서 받아들일 수 있다면, 그 관계는 평등한 거야. 만약 내가 상대방에게 똑같이 부탁하는 것이 어렵거나, 상대방이 내 부탁을 무시할 것 같다면, 우리는 평등하지 않을 수 있어.

거절 잘하는 방법

때때로 친구나 누군가가 나에게 부탁을 할 때가 있어. 그럴 때 "아니, 싫어"라고 말하기 어려울 때가 있지. 거절하면 친구가 기분 나빠 할까 봐 걱정되기도 하고, 우리 사이가 멀어질까 겁이 나기도 해. 하지만 사실 거절하는 건 나를 지키는 방법이야. 그리고 부탁을 들어주기 싫을 때 거절하는 건 절대 나쁜 행동이 아니야. 거절은 내가 불편하거나 하고 싶지 않은 일에 대해 내 마음을 솔직하게 표현하는 것이야. 그리고 거절을 잘하는 사람은 자기 감정을 존중할 줄 아는 사람이야. 어떻게 하면 편안하고 당당하게 거절할 수 있을까?

내 감정을 먼저 생각해 보기

무언가를 부탁받았을 때, 가장 먼저 내가 어떻게 느끼는지를 생각해 봐. 상대의 부탁이 부담스럽게 느껴지진 않는지, 혹은 들어주고 싶지 않은 마음이 든다면 네 마음을 따르는 게 좋아. 어떤 부탁이든 거절해도 괜찮아. 내가 편안하지 않으면 "아니요"라고 말할 권리가 있어.

솔직하게 말하기

거절할 때는 솔직하게 말하는 것이 중요해. 돌려 말하거나 변명하기보다는 직접적으로 내가 이 부탁을 들어줄 수 없는 이유를 말하는 게 더 나아. 솔직하게 "지금은 시간이 없어서 힘들어" 혹은 "나는 별로 하고 싶지 않아"라고 말하는 거지.

정중하게 거절하기

거절할 때 정중한 태도를 유지하는 것도 중요해. 상대방이 나의 거절로 기분이 나쁘지 않도록 예의를 갖추어 거절하면 관계가 나빠지지 않을 거야. "미안하지만, 그건 할 수 없을 것 같아"나 "네 부탁을 들어주고 싶지만 이번엔 어려워"라고 말해 봐.

거절해도 미안해하지 않기

거절하는 건 절대 나쁜 행동이 아니야. 그래서 미안해할 필요는 없어! 상대방이 내 거절을 존중해야 하는 것처럼, 나도 나의 감정을 존중하는 거야. 내가 거절했을 때 상대방이 그 결정을 받아들일 수 있어야 좋은 관계라 할 수 있어.

대안을 제시하기

상황에 따라 거절하면서도 다른 방법을 제시하는 방법도 있어. 만약 내가 당장 도와줄 수는 없지만, 나중에 도울 수 있는 방법이 있다면 그걸 말해 주는 거야. 이 방법은 상대방의 부탁을 완전히 거절하기 어렵지만, 내가 할 수 있는 부분을 제시할 때 유용해. "지금은 시간이 없어서 못 도와주지만, 내일은 시간이 되니까 그때 도와줄게"라고 말할 수도 있어.

반복적으로 요구할 때는 단호하게

때로는 거절을 했는데도 상대방이 계속해서 부탁을 반복할 때가 있어. 이럴 때는 단호하게 "싫어"라고 말하는 것이 중요해. 정중하게 거절하되, 거절이 분명하다는 것을 상대방에게 명확히 전달하는 거지. 내가 싫은 것은 변하지 않는다는 것을 보여 줘야 해. "내 대답은 변하지 않아. 이번에는 할 수 없을 것 같아"처럼 말할 수 있지. 만약 그럼에도 상대가 반복적으로 요구할 경우에는 다른 사람들에게 도움을 요청하는 것도 방법이야.

다양한 상황에서 거절하는 연습을 해 볼 거야!
각각의 상황을 읽고 어떻게 거절할지 생각해 보자.

친구가 너에게 어떤 게임을 하자고 제안했어. 하지만 너는 그 게임을 하고 싶지 않아.

친구가 자신의 개인적인 이야기를 공유하자고 했어. 하지만 너는 이런 이야기를 공유하는 것이 불편해.

정중하고 당당하게 거절하는 방법을 배우면
너도 편안하게 "아니요"라고 말할 수 있어!

챕터 4. 삐- 이건 경고야!

옐로카드

혹시 축구 경기를 본 적 있니? 축구에서 심판이 옐로카드를 들 때는 선수가 규칙을 어기거나 다른 선수에게 피해를 줄 때 경고하기 위해서야. 일상생활에서도 우리가 조심해야 할 행동들이 있어. 친구나 가족, 선생님과 있을 때 가볍게 생각했던 행동이 사실은 다른 사람을 불편하게 만들 수 있어. 그럴 때 우리가 조심하지 않으면 상대방이 속상하거나 기분이 나빠질 수 있지. 이런 행동들은 마치 옐로카드처럼 "경고! 이 행동은 조심해야 해!"라고 말해 주는 것과 같아.

예를 들어 보자. 학교에서 친구들과 놀 때 친구의 말로 인해 상처받은 적이 있니? 이름이나 외모를 놀리는 경우가 있지. 때로는 친구에게 장난을 치거나 가볍게 놀리는 게 재밌어 보일 수 있어. 하지만 계속해서 친구의 외모를 가지고 놀리거나 친구가 싫어하는 말을 반복하면 그 친구는 상처를 받을 수 있어. 상대방을 불편하게 만들지 않도록 주의해야 해. 온라인에서도 이런 경계를 지키는 것이 중요해. 채팅 창이나 게임 속에서 상대를 불쾌하게 만들 수 있는 놀림은 피해야 해.

직접적으로 하는 말이나 행동이 아니어도 상대방이 불편해할 수 있는 경우가 있어. 예를 들어, 내가 보고 싶지 않은 장면을 누군가가 보여 준다면 그것도 경계를 넘는 행동 중 하나야. 온라인에서도 마찬가지로, 우리가 어떤 행동을 할 때 다른 사람이 불편해할 수 있다는 것을 기억해야 해.

집에서 쉴 때 너는 어떤 옷차림을 하고 있어? 집에서 편하게 있는 게 좋을 수 있지만, 옷을 벗고 돌아다니는 것은 가족들에게 불편함을 줄 수 있어. 다른 사람들과 함께 사용하는 공간에서 우리는 서로를 존중해야 해. 아무리 가족이라도 다른 사람이 불편해할 수 있는 행동은 옐로카드야!

친구에게 성적인 내용이 담긴 사진이나 영상을 보여 주는 것도 상대방을 불편하게 만들 수 있어. 친구가 보고 싶지 않은 내용이라면 그것도 경계를 넘는 행동이야. 또, 게임 속 아바타에게 성적인 행동을 시키거나, 친구들에게 그런 모습을 보여 주는 것도 상대방에게 큰 불편함을 줄 수 있어. 친구가 싫어할 수 있는 장면을 일부러 보여 주는 행동은 옐로카드에 해당해!

옐로카드는 경고를 의미해. 이런 행동들은 큰 문제를 일으키기 전에 고쳐야 할 행동들이야. 작은 장난이라고 생각할 수 있지만, 누군가에게는 불편하거나 상처가 될 수 있어. 온라인에서도 오프라인에서도 마찬가지야! 서로를 배려하고, 경계를 지키는 법을 배우는 것이 중요해.

혹시 친구에게 옐로카드를 주고 싶었던 적이 있어?
그때 그 순간을 떠올려 보고 옐로카드에 적어 보자!

사랑하는 너에게 들려주고 싶은 말

선 넘는 질문을 조심해!

우리가 친구들과 이야기할 때 서로 궁금한 것을 물어보는 일이 많아. 그런데 가끔은 질문이 너무 사적인 내용일 때가 있어. 그럴 때는 상대방이 불편해할 수 있지. 사적인 질문은 마음의 경계를 넘기

쉽거든. 사적인 질문은 상대방을 불편하게 만들 수 있는 말이기 때문에 옐로카드를 받지 않도록 조심해야 해.

어떤 이야기가 사적인 걸까?

사적인 질문의 기준은 상대방이 대답하기 불편하거나, 너무 개인적이라고 느낄 수 있는 질문이야. 개인적인 정보, 가족, 돈, 건강, 연애, 외모처럼 다른 사람에게 깊이 알려 주고 싶지 않은 부분을 물어보는 질문이 여기에 해당해. 이 기준은 사람마다 다를 수 있기 때문에, 질문을 하기 전에 상대방이 어떻게 느낄지 생각해 보는 것이 중요해.

"보호자는 왜 이혼하셨어?"

"너 모쏠이야?"

"너희 집 부자는 아니지?"

"너 왜 자주 아파? 무슨 병이야?"

⋮

새로운 친구가 전학을 왔다고 생각해 보자. 전학 온 친구가 새로 이사 온 곳에 대해 이야기하고 있을 때 "너희 집은 전세야? 월세야? 집값은 얼마야?" 같은 질문을 한다면, 이건 사적인 질문이 될 수 있어. 왜냐하면 집이나 돈에 관련된 질문은 상대방이 불편하게 느낄 수 있는 내용이거든. 개인의 경제 상황에 대한 질문은 상대방의 마음의 경계를 넘는 말이 될 수 있어. 이런 질문을 받을 때 친구는 부담스럽거나 민감하게 느낄 수 있지.

또 다른 예시를 들어 볼게. "너 누구랑 사귀고 있어?" 같은 질문은 어떨까? 이건 성적인 질문이야. 연애나 스킨십에 대한 질문은 아주 사적인 내용이라 상대방이 불쾌하게 느낄 수 있어. 이럴 때는 옐로카드! 상대방의 마음의 경계를 침범한 것이야.

연애나 스킨십에 대한 질문은 옐로카드를 넘어서 레드카드를 받을 수도 있는 잘못된 행동이야. 누구랑 사귀는지, 신체 접촉을 해 본 적 있는지 묻는 건 상대방의 아주 사적인 영역이지. 이런 질문을 받으면 상대방이 불편하거나 부끄러울 수 있어. 그래서 성적인 질문은 절대 하지 않는 것이 좋아. 그런 질문은 상대방의 마음에 상처를 줄 수 있는 행동이니까, 꼭 조심해야 해.

사적인 질문을 구분하는 방법

만약 내가 하는 질문이 사적인 것인지, 아닌지 구분하기 어렵다면 다음 질문에 대답해 보자.

❶ 가족이나 경제 상황(돈), 건강, 연애, 외모 등 개인적인 정보에 대한 질문이니?

❷ 이 질문을 내가 받으면 편안하게 대답할 수 있을까? 아니면 대답하기 어렵거나 부담스러울까?

❸ 꼭 해야 하는 질문이야? 단순한 호기심은 아니니? 꼭 알아야 하는 정보가 아니라면 물어보지 않는 게 나아.

만약 상대의 사적인 정보를 알아야 한다면, 상대방에게 질문하기 전에 동의를 구하는 것도 방법이야. 예를 들어, "이 질문이 너무 개인적일 수 있는데, 혹시 물어봐도 될까? 불편하면 답하지 않아도 돼"와 같은 말로 상대방에게 선택권을 주면, 경계를 넘는 위험을 줄일 수 있어.

조금 개인적인 질문을 할 때 TIP:

"이 질문이 불편할 수 있는데 괜찮으면 대답해 줄래?"

"혹시 네가 이거에 대해 얘기해 주는 거 괜찮을까?"

"네가 편하다면 얘기해 줘도 좋아!"

마음의 경계를 넘는 칭찬

학교에서 친구들과 종종 서로의 외모에 대해 이야기하는 경우가 있어. 가끔은 아무 생각 없이 “너 머리 이상해”, “너 왜 이렇게 키가 작아?”와 같은 말을 하기도 해. 하지만 이런 말들은 상대방의 마음을 아프게 할 수 있어.

마음의 정원을 망치는 말

이런 상황을 한번 생각해 보자. 친구가 새로 산 옷을 입고 학교에 왔어. 그런데 누군가 “그 옷 너한테 안 어울려”라고 말하면, 그 친구는 그 말 때문에 기분이 나빠지고 자신이 옷을 잘못 입었다고 느낄 수 있어. 사실 그 친구는 기분 좋게 옷을 입고 왔는데, 다른 사람이 그걸 나쁘게 말하면 기분이 상할 수밖에 없지.

마음의 경계는 내가 편안하게 느끼는 것과 불편하게 느끼는 것을 구분하는 중요한 선이야. 외모에 대한 말은 이 마음의 경계를 넘어서서 상처를 줄 수 있어. 사람마다 자기 모습에 대한 생각이 다를 수 있어. 내겐 별거 아닌 말이 상대방에게는 큰 상처로 남기도 해. 외모를 평가하는 말은 사람의 마음에 피어 있는 꽃에 돌을 던지는 것과 같아. 그 돌은 꽃을 망치고 정원을 엉망으로 만들어. 마음속 아름다운 자존감의 꽃을 상처 입히는 말로 망가뜨리지. 그 결과 자기 자신을 부끄럽게 느끼도록 만들기도 해.

좋은 의도여도 외모 칭찬은 NO

그럼 칭찬은 어떨까? "너 정말 예뻐" 또는 "너 정말 잘생겼어" 같은 말은 기분 좋은 말처럼 느껴질 수 있어. 하지만 외모에 대한 칭찬도 조심해야 해. 왜냐하면 칭찬도 결국 상대방의 외모를 평가하는 것이거든.

칭찬을 들으면 처음엔 기분이 좋을 수 있어. 하지만 그 칭찬이 너의 외모에만 초점이 맞춰졌다면, 그건 나중에 부담으로 느껴질 수도 있어. 예를 들어, 친구가 나에게 "넌 키가 커서 멋져"라고 칭찬했는데, 내가 더 이상 키가 크지 않게 되면 어떨까? 그때는 내가 더 이상 멋지지 않다고 느낄 수도 있어.

칭찬도 결국에는 평가를 기반으로 이루어져서, 외모로 사람을 판단하는 기준을 계속 강화할 수 있어. 우리가 서로에게 진정한 칭찬을 하고 싶다면, 외모가 아닌 내면의 멋진 점을 칭찬해 보자! 친구의 성격, 행동, 노력 같은 내면의 가치를 찾아봐. "너 정말 용기 있어", "너의 도움 덕분에 큰 힘이 됐어" 같은 말이 더 진정한 칭찬이 될 수 있지. 이렇게 하면 친구의 마음을 상하게 하지 않고 서로서로를 더 존중하는 관계를 만들 수 있을 거야.

네 주변에 어떤 친구들이 있니? 칭찬 카드를 주고 싶은 친구를 떠올려 보고, 그 친구의 장점을 찾아서 칭찬 카드에 적어 봐. 만약 어떤 말을 해야 할지 모르겠다면 아래에 적혀 있는 예시를 참고해. 지금부터 친구들에게 선물할 칭찬 카드를 만들고 꾸며 보자!

to.　　　　　　　　에게

너의 웃음은 정말 힘이 돼

네가 웃으면 나도 행복해

항상 열심히 하는 모습을 보니 나도 힘이 나!

넌 정말 친절해

항상 먼저 도와줘서 고마워

너랑 있으면 편안해

네가 친구여서 든든해

항상 최선을 다하는 모습이 멋져

새로운 것에 도전하는 용기가 멋져

너의 배려 덕분에 주변 친구들이 행복해

넌 정말 멋진 친구야

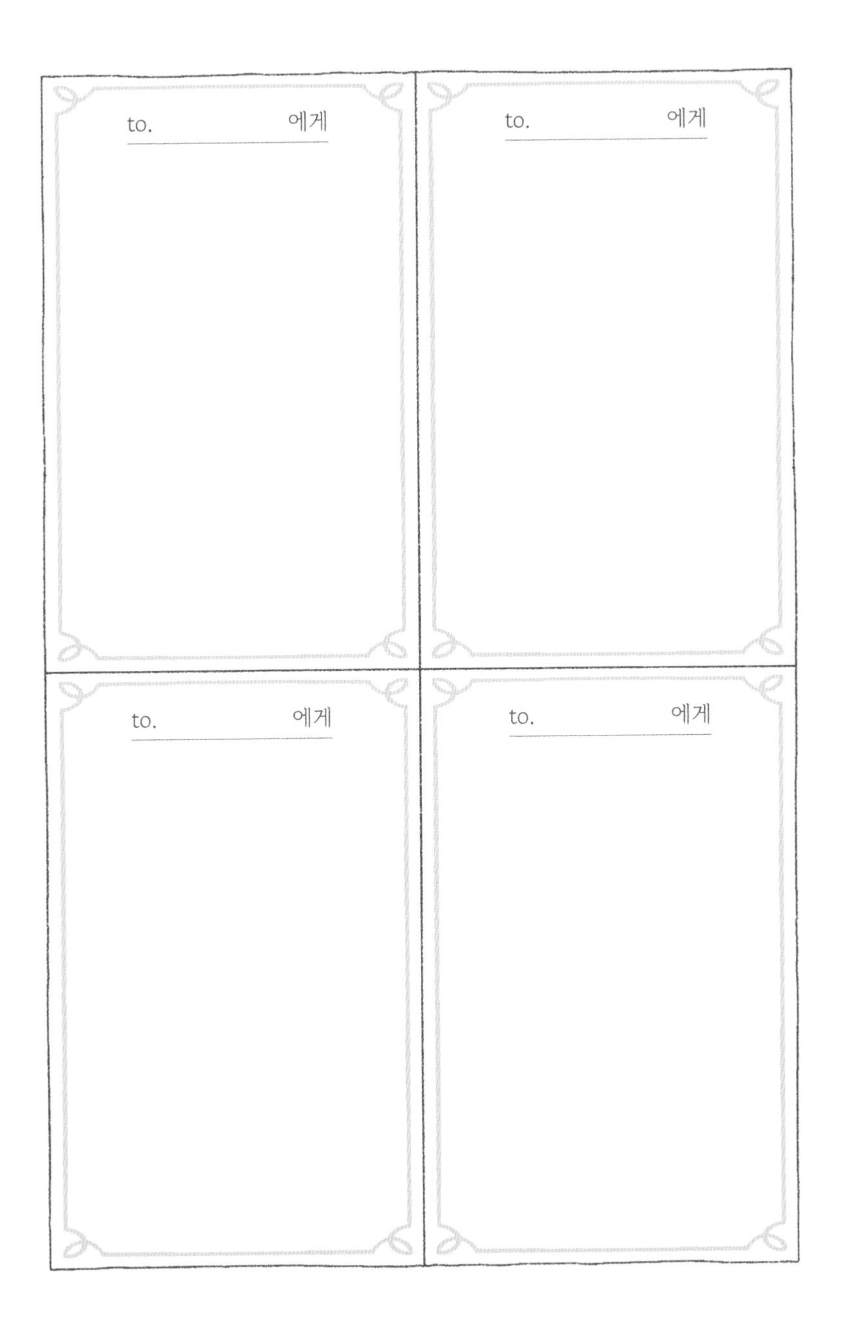
to. 에게
to. 에게
to. 에게
to. 에게

사랑하는 너에게 들려주고 싶은 말

마음 비상등이 켜질 때

우리는 매일 친구들과 함께 학교에 다니고, 운동장에서 놀고, 이야기를 나누면서 내 몸에 시선이 머무는 순간을 느낄 때가 있어. 누군가가 나를 바라보는 일은 일상적인 일이지. 하지만 때로는 똑같이 내 몸을 바라보는 행위라도, 그 시선에서 불편함이 느껴질 때가 있어. 그건 마음의 경계 비상등이 켜진 거야. 그리고 그중에는 '성적 대상화'라는 어려운 개념이 들어 있을 수도 있어.

성적 대상화란?

성적 대상화라는 말이 좀 어려울 수 있어. 쉽게 말하면, 나를 한 사람으로 보지 않고, 내 몸을 불편하게 바라보거나 평가하는 거야. 예를 들어, 친구가 내가 오늘 입은 옷을 보고 이상한 시선으로 쳐다보거나, 내 몸의 특정한 부분을 주목해서 바라본다면, 그건 성적 대상화가 될 수 있어. 내 몸에 대해서 지나치게 관심을 가진다면, 그건 단순히 나를 보는 것이 아니라 내 몸을 성적으로 평가하는 거야. 그런 시선은 나를 불편하게 하고, 내 몸이 마치 물건처럼 느껴지게 만들 수 있어.

성적 대상화는 내가 하나의 사람으로서 존중받지 못하고, 내 몸만 보는 것처럼 느끼게 만들지. 그건 내 마음에 상처를 줄 수 있고, 내 자존감을 해칠 수 있어. 우리는 모두 서로를 존중해야 하고 소중한 사람으로 대해져야 해. 내 몸이 아니라 내 생각, 내 행동을 존중받아야 하거든. 성적 대상화는 이런 존중을 무시하는 행동이기 때문에 아주 잘못된 것이야.

마음의 경계 비상등이 켜질 때

우리가 불편한 시선을 느낄 때, 그건 우리 마음이 경고를 보내고 있는 거야. 특히 내 몸을 성적으로 평가하거나 이상하게 바라보는 시선이 있을 때는 더 강하게 불편함을 느낄 수 있어. 내 몸을 마치 물건처럼 대하는 그런 시선은 내가 존중받지 못하고 있다는 느낌을 줄 수 있어.

그런 시선이 불편하게 느껴질 때는 그 감정을 무시하면 안 돼. 때로는 '내가 예민한 건가?'라는 의문이 들 수 있지만, 네 마음의 비상등이 켜졌다면 그건 네 경계가 침범당했다는 얘기야. 그 시선이 너를 존중하는 게 아니라 성적으로 평가하거나 잘못된 방식으로 바라보고 있다는 신호인 거지. 네가 불편하다고 느끼는 건 당연하고 자연스러운 감정이기 때문에, 그 감정을 존중하고 보호하는 게 중요해.

나를 존중하는 방법

모든 사람은 자신을 존중하는 시선을 받을 권리가 있어. 내 몸을 성적으로 평가하거나, 이상하게 바라보는 시선은 내 마음의 경계를 넘는 것이야. 그럴 때는 솔직하게 불편함을 표현하고, 그 시선을 거절해 보자. “그렇게 쳐다보지 말아 줘”, “네 시선이 불편해”라고 말할 수 있어. 만약 말하기 어렵다면, 신뢰할 수 있는 어른에게 이야기해 보자.

불편함을 표현하는 건 내 마음을 지키는 멋진 행동이야. 불편한 상황에서 솔직하게 말하려면 용기가 필요해. 우리 같이 서로의 경계를 지키고, 존중하는 시선으로 대하는 법을 익혀서 좋은 친구가 되어 보자!

이런 말 해도 될까?

친구들과 놀 때 재미있게 이야기하다가 갑자기 불편해진 적이 있어? 때로는 누군가가 성적인 단어를 크게 말해서 당황스러웠던 경험이 있을 거야. 예를 들어, 누군가 신체의 특정 부분에 대해 이야기하거나 다른 친구에게 "섹시하다"라고 말하는 경우가 있어. 이런 말을 들으면 대부분의 친구들은 웃음으로 넘기려고 하지. 하지만 사실 많은 친구들이 이런 말을 들으면 불편함을 느낄 수 있어. 성적인 주제는 매우 개인적이고 조심스럽게 다뤄야 하는 내용이기 때문이야.

왜 사람들은 성적인 농담에 웃을까?

성적인 단어를 크게 말하면 사람들이 웃는 이유는 불편함을 감추려는 마음 때문이야. 갑자기 그런 말을 들으면 어떻게 반응해야 할지 몰라 당황스러워서 웃음으로 넘기려고 하는 거지. 하지만 이런 반응이 그 말을 한 사람에게는 재미있어 보일 수 있어. 그래서 계속해서 그런 말을 하기도 해. 우리는 모두가 편안하게 느낄 수 있는 대화를 나눠야 해. 특히 학교나 친구들과 함께 있는 장소에서는 서로를 존중하는 말을 사용해야 해.

서로를 존중하는 대화란 무엇일까?

서로를 존중하는 대화는 상대방의 감정을 생각하며 말하는 거야. 내가 재미있다고 생각하는 말이 친구에게는 불편할 수 있다는 것을 항상 기억해야 해. 특히 성적인 단어나 농담은 상대방의 마음을 불편하게 만들 수 있어. 친구들과 대화할 때는 모두가 안전하고 존중받는다고 느낄 수 있어야 해. 만약 누군가 불편한 말을 한다면 그것이 옳지 않다고 말해 주는 것도 중요해. 옐로카드가 계속되면 레드카드를 받듯이, 부적절한 말을 계속하면 문제가 생길 수 있어.

나쁜 소문

많은 사람들이 친구와 이야기를 나누고 소식을 전하는 걸 좋아해. 그런데 때로는 다른 사람에 대한 소문을 듣고 전하고 싶어질 때가 있어. 친구에게서 들은 이야기를 다른 친구에게도 알려 주고 싶고, 그러면서 나도 친구들의 관심을 받는 것처럼 느껴질 때가 있지. 하지만 소문은 때로 큰 오해를 만들고, 누군가에게 상처를 줄 수 있어. 그래서 소문을 전달하기 전에 정말 조심해야 해.

소문은 생각보다 큰 영향을 줄 수 있어

가벼운 소문이라도 누군가에겐 큰 상처가 될 수 있어. 내가 다른 친구에 대해 잘 알지 못하면서 전하는 이야기가 그 친구에게 불편함이나 부끄러움을 줄 수도 있어. 예를 들어, 친구가 다른 친구를 좋아하는 것 같다는 이야기를 들었을 때 "걔네 둘이 서로 좋아한대"라고 말해 버리면, 그 친구는 자신에 대한 오해가 쌓이는 것 같아 상처를 받을 수 있어.

또, 내가 잘못된 이야기를 듣고 퍼뜨리면 그 이야기가 사실처럼 퍼지게 돼. 결국 그 친구는 진짜와 다른 이야기를 들으며 마음의 상처를 받을 수 있어. 한번 퍼진 소문은 다시 되돌리기 어려워서, 그 친구는 나쁜 소문을 오랫동안 떠안고 다닐 수도 있어.

소문은 누구에게나 기분 나쁠 수 있어

생각해 봐, 네 이야기가 다른 사람에게 소문처럼 전해진다면 어떨까? 만약 네가 별로 원하지 않는 이야기가 자꾸 떠돌면 기분이 나쁘고, 마음도 불편해질 거야. '사람들은 왜 내 이야기를 내 허락 없이 전할까?' 하고 생각할 수도 있지. 다른 친구도 마찬가지야. 그 친구도 자기 이야기나 어려움이 함부로 퍼지지 않길 바랄 거야.

그래서 우리는 소문을 전하기 전에 한 번 더 생각해 봐야 해. '이 소문이 그 친구에게 도움이 될까? 아니면 상처가 될까?' 하고 말이야. 소문을 퍼뜨리는 대신, 그 친구에게 직접 응원의 말을 건네고 진짜 친구로서 곁에 있어 주는 것이 더 중요해.

진짜 친구가 되는 법

❶ 듣기만 하고 전하지 않기 | 나에게는 친구의 이야기를 듣고 그 이야기를 전하지 않는 선택권이 있어. 정말 중요한 이야기라면 그 친구에게 직접 물어보고, 다른 사람에게 전하지 않는 것이 친구를 보호하는 방법이야.

❷ 사실 확인 없이 이야기하지 않기 | 무언가에 대해 확실히 알지 못할 때는 절대 말하지 않는 게 좋아. 잘못된 소문이 돌면 나중에 모두에게 오해가 쌓이게 될 수 있어.

❸ 응원의 말 건네기 | 만약 다른 사람의 이야기를 전해 들었다면, 소문을 내기보단 응원을 하는 게 좋아. "너 힘들다고 들었어. 내가 네 옆에 있을게" 같은 말로 그 친구에게 진심 어린 마음을 전해 보자.

❹ 비밀을 지킬 줄 아는 친구가 되기 | 나와의 이야기가 다른 곳에 퍼지지 않는다는 믿음을 줄 수 있는 친구가 되면, 친구들도 나를 더 신뢰하고 좋아할 거야.

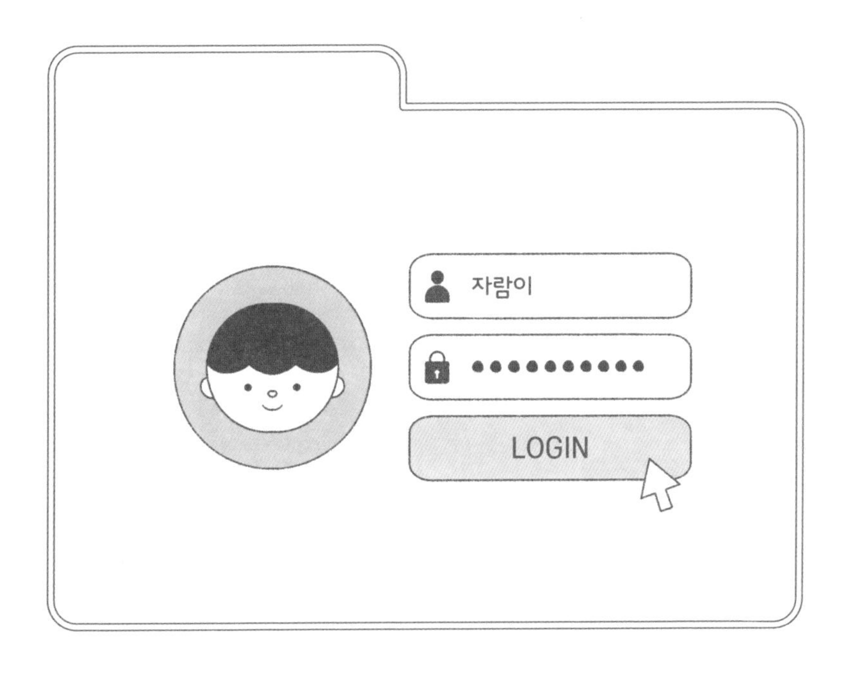

챕터 5. 안전하게 로그인

디지털 세상으로 로그인

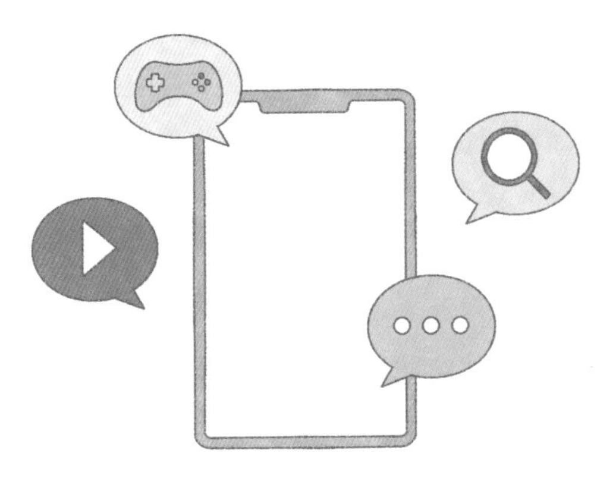

스마트폰을 사용해 본 적 있어? 이 작은 화면이면 친구랑 이야기를 할 수도 있고, 게임을 할 수도 있고, 새로운 정보를 얻을 수도 있지. 요즘은 스마트폰뿐만 아니라, 컴퓨터나 태블릿을 통해서도 다양한 일들을 할 수 있어. 이런 기기들은 우리가 언제 어디서나 인터넷을 통해 세상과 연결될 수 있도록 해 줘. 바로 이곳이 '디지털 세상'이야. 우리 일상에서 디지털 세상은 이제 빠질 수 없는 중요한 부분이 되었지.

디지털 세상에서는 정보를 쉽게 찾고, 공유하며, 사람들과 대화할 수 있어. 예를 들어, 궁금한 질문이 생기면 인터넷에서 바로 답을 찾을 수 있고, 멀리 떨어진 친구와도 메시지를 주고받거나 영상 통화를 할 수도 있어. 학교 숙제나 프로젝트를 할 때도 우리는 종종 인터넷에서 정보를 찾아 사용하곤 하지. 그만큼 디지털 기술은 우리의 학습과 놀이, 소통까지 돕는 중요한 도구가 되었어.

디지털 세상은 더 큰 기회와 새로운 경험을 제공해. 게임을 통해 세계 여러 나라의 친구들과 만날 수 있고, 소셜 미디어에서는 내가 좋아하는 주제에 대해 전 세계 사람들과 이야기할 수 있지. 이런 것들은 디지털 세상이 만들어 주는 멋진 경험이야. 마치 우리가 큰 도서관에 들어가서 원하는 책을 바로 찾아볼 수 있는 것처럼, 디지털 세상은 끝없는 정보와 재미를 주는 커다란 창고 같아.

하지만 디지털 세상은 단지 즐거운 곳만이 아니야. 우리가 스마트 기기를 잘 사용하지 않으면, 때로는 위험한 상황도 생길 수 있어. 그래서 우리는 디지털 세상에 로그인할 때마다 그 안에서 무엇을 해야 하고, 어떻게 행동해야 할지 잘 알아야 해. 디지털 세상에 들어가는 것은 새로운 기회를 얻는 것과 동시에, 내가 지켜야 할 규칙이 있다는 것을 이해하는 게 중요해.

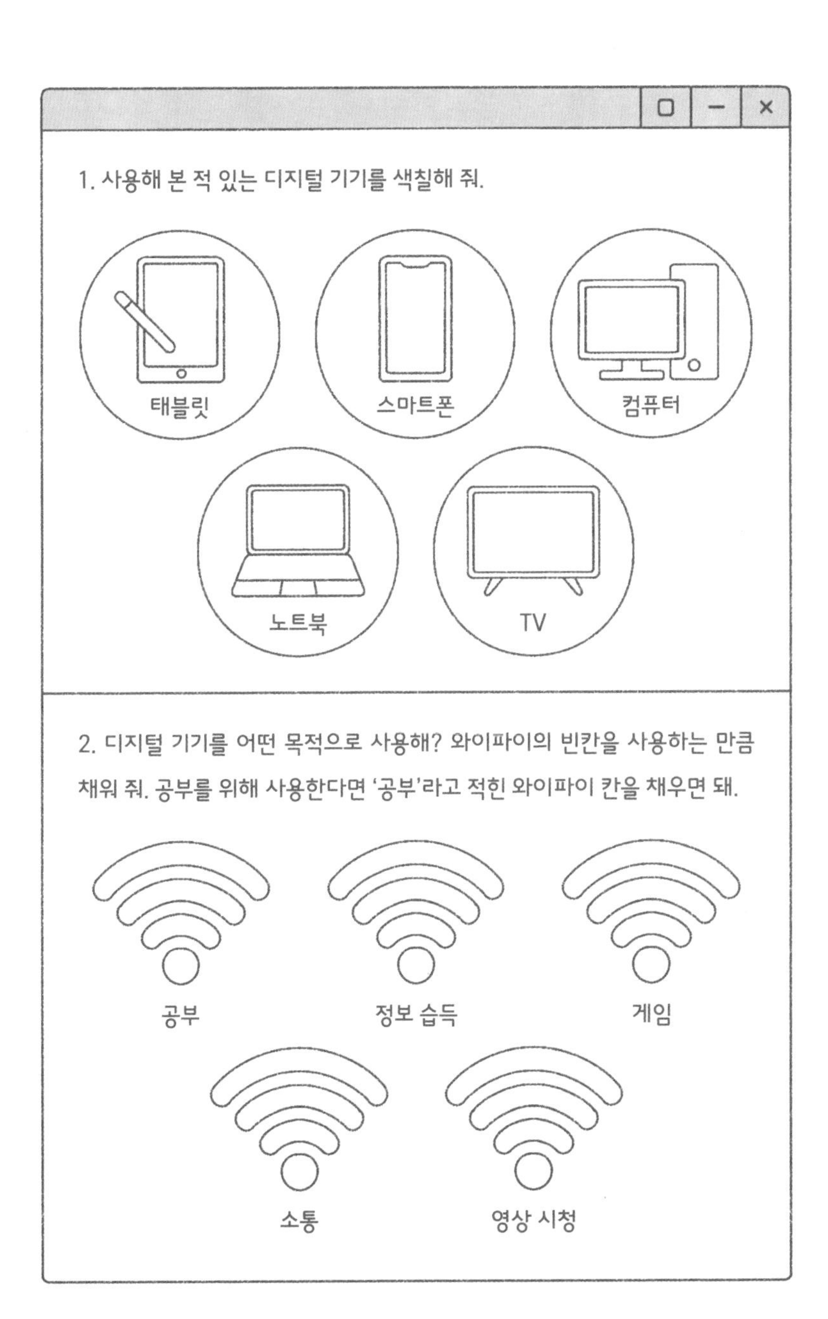
1. 사용해 본 적 있는 디지털 기기를 색칠해 줘.
태블릿
스마트폰
컴퓨터
노트북
TV
2. 디지털 기기를 어떤 목적으로 사용해? 와이파이의 빈칸을 사용하는 만큼 채워 줘. 공부를 위해 사용한다면 '공부'라고 적힌 와이파이 칸을 채우면 돼.
공부
정보 습득
게임
소통
영상 시청

3. 스마트폰이나 태블릿 속 사용하는 어플을 네가 자주 사용하는 정도에 따라서 색깔을 구분해 그려 봐. 매일 사용하면 파란색 칸에, 일주일에 3~4번 사용하면 초록색 칸에, 일주일에 1번 혹은 그보다 적게 사용하면 분홍색 칸에 그려 봐.

매일 사용하는 어플	일주일에 3~4번

사용하는 어플	일주일에 1번 이하로 사용하는 어플

디지털 경계

디지털 세상은 편리하고 재미있는 공간이지만, 그곳에서도 우리는 서로 경계를 지켜야 해. 경계란 내가 할 수 있는 것과 해서는 안 되는 것의 선을 말해. 디지털 세상에서는 나와 다른 사람 모두가 안전하고 즐겁게 이용할 수 있도록 서로의 경계를 존중하는 것이 아주 중요해.

예를 들어, 인터넷에서 친구들과 대화를 나눌 때, 내가 무심코 한 말이 누군가에게 상처를 줄 수 있어. 또, 게임을 할 때 상대방을 무시하거나 놀리면 그 사람은 기분이 나빠질 수 있지. 이런 행동들은 디지털 세상에서 경계를 넘는 행동이야. 현실에서 다른 사람을 대할 때와 마찬가지로, 디지털 세상에서도 예의와 배려를 지켜야 해. 우리는 온라인에서도 친절한 말과 행동으로 상대방을 대하고, 상대방을 존중하는 태도를 보여 줘야 해.

또한, '개인 정보'도 매우 중요한 경계 중 하나야. 내 이름, 주소, 전화번호, 그리고 사진 같은 정보들은 나만의 소중한 정보야. 간단하게 생각하면, 네가 말하지 않으면 상대방이 알 수 없는 정보가 바로 개인 정보지! 이런 정보는 아무한테나 공유해서는 안 돼. 선물을 준다며 설문 조사에 개인 정보를 적어 달라고 하거나, 자신이 경찰이라고 속이는 사람도 있어. 누군가 너에게 개인 정보를 알려 달라 한다면 상대가 믿을 만한 사람인가 생각해 봐야 해. 또한 누군가 내 허락 없이 내 사진을 퍼뜨리거나, 내가 원하지 않는데도 나와 관련된 정보를 다른 사람에게 알려 준다면, 그건 디지털 경계를 넘는 행동이야. 디지털 세상에서는 서로의 안전을 지키기 위해 경계를 분명히 세워야 해.

마찬가지로, 다른 사람의 경계도 중요해. 다른 사람의 사진이나 영상을 퍼뜨리기 전에 반드시 허락을 받아야 해. 만약 친구의 허락 없이 사진을 공유하거나, 친구를 놀리는 댓글을 달면, 그것은 친구의 경계를 넘는 행동이야. 서로의 경계를 존중할 때, 우리는 디지털 세상에서도 안전하고 즐거운 경험을 할 수 있어.

디지털 세상은 많은 기회와 재미를 주지만, 서로를 존중하는 태도와 디지털 경계를 지키는 것이 매우 중요해. 우리가 디지털 세상에서 서로의 경계를 잘 지키고 올바르게 행동한다면 이 공간도 현실처럼 더욱 안전하고 행복한 곳이 될 거야. 이제 우리가 할 일은 디지털 기술을 현명하게 사용하고, 서로의 경계를 지키며 즐기는 거야.

불법 촬영

친구들과 사진 찍는 것 좋아해? 우리가 함께 재미있게 놀 때나 기억에 남는 순간을 사진으로 남기는 것은 정말 즐거운 일이야. 그런데, 사진을 찍을 때 꼭 지켜야 할 중요한 규칙이 있어. 그것은 바로 상대방의 허락을 받는 것이야. 허락 없이 다른 사람의 사진을 찍는 것은 '불법 촬영*'이라 말해.

불법 촬영은 상대방의 경계를 넘는 행동이야. 내가 찍히고 싶지 않은 순간을 누군가 허락 없이 찍었다면 어떨 것 같아? 기분이 나쁘고 불편할 수 있어. 장난이니까 괜찮다고? 아니. 장난은 서로가 즐거울 수 있을 때만 장난이고, 한 명이라도 불편함을 느낀다면 그건 폭력이 될 수 있어. 불법 촬영은 법적으로도 문제가 될 수 있고, 그 친구에게 큰 상처를 줄 수 있어. 디지털 세상에서도 우리는 서로의 경계를 존중해야 해. 친구가 원하지 않는 행동을 하면, 그건 옐로카드를 넘어서 레드카드에 해당하는 행동이야.

어! 자람이를 봐. 지나가는 친구의 사진을 몰래 찍어서 단체 채팅방에 올렸어. 상대방의 허락을 받지 않고 촬영했기 때문에 불법 촬영이라 할 수 있어. 그런데 불법 촬영 말고도 옐로카드가 될 만한 행동이 더 있어. 맞아. 상대방의 동의 없이 사진을 다른 사람에게 공유했어. 그걸 '불법 유포*'라고 말해. 조금 어려운 말이지? 상대방의 사진을 몰래 찍고 그걸 다른 사람에게 보여 준다면, 다른 사람의 사생활을 침해하는 거라는 점 기억해야 해!

경계를 존중하는 자세

❶ 사진 찍기 전에 항상 물어보기 | 친구와 사진을 찍고 싶을 때는 "같이 사진 찍어도 될까?" 하고 꼭 물어봐야 해. 친구가 싫다고 하면 그걸 존중하는 것이 중요해.

❷ 허락 없이 공유하지 않기 | 친구의 사진이나 영상을 찍었더라도, 그걸 다른 사람에게 보내거나 인터넷에 올리기 전에 꼭 허락을 받아야 해. 그 친구가 불편해하면 큰 문제가 될 수 있어.

❸ 몰래 찍지 않기 | 친구가 모르는 사이에 사진을 몰래 찍는 건 절대 하지 말아야 해. 사진을 찍을 때는 서로의 경계를 지키고 존중하는 것이 중요하거든.

'불법 촬영'은 상대방의 허락 없이/몰래 사진이나 영상을 찍는 것을 말해. '불법 유포'는 허락 없이/몰래 찍은 사진이나 영상을 다른 사람에게 보내거나 인터넷에 올리는 것을 뜻해.

딥페이크

혹시 '딥페이크'라는 말 들어 본 적 있어? 딥페이크란 컴퓨터 기술을 이용해 사람의 얼굴이나 목소리를 진짜처럼 보이게 만드는 기술이야. 실제로 영화나 교육 영상에서 딥페이크 기술을 사용하고 있어. 예를 들어, 영화 「로그 원: 스타워즈 스토리」(2016)에서는 배우 캐리 피셔(레아 공주 역)의 얼굴을 딥페이크 기술로 젊은 시절의 모습으로 만들었어. 1977년의 모습 그대로 2016년 영화에 등장한 거지! 정말 놀랍지 않니? 그 외에 역사적 인물의 얼굴을 딥페이크로 복원해 교육 영상에서 보여 주기도 해. 이렇게 딥페이크는 영화를 더 생동감 있게 만들거나 역사를 이해하는 데 도움을 주는 좋은 기술로 사용될 수 있어.

하지만, 이 기술이 잘못 사용된다면 큰 문제가 될 수 있어. 딥페이크 기술을 이용해 다른 사람을 속이거나 그들이 원하지 않는 방식으로 얼굴을 사용하는 것은 디지털 경계를 넘는 행동이야. 특히, 딥페이크로 다른 사람의 얼굴을 노출이 많은 신체에 합성하거나, 키

스나 뽀뽀, 맨몸으로 껴안는 등의 성적 행위에 허락 없이 합성하는 것은 디지털 성범죄에 해당할 수 있어. 기술은 그 자체로 나쁜 것이 아니지만, 어떻게 사용하느냐가 중요해. 이런 부적절한 사용은 레드카드에 해당하는 심각한 문제로, 절대 해서는 안 돼.

우리는 디지털 세상에서도 서로의 경계를 존중하고, 기술을 올바르게 사용하는 법을 배워야 해. 아무리 재미있어 보이는 행동이라도 다른 사람에게 상처나 불쾌감을 줄 수 있다면, 그건 경계를 넘는 일이야. 디지털 경계를 넘으면 더 이상 장난이 아닌 심각한 문제가 될 수 있어.

딥페이크 기술은 도로의 신호등과 비슷해. 이 기술을 올바르게 사용하면 초록 신호등처럼 문제가 없고 안전해. 하지만, 다른 사람의 동의 없이 이 기술을 나쁘게 사용하면 빨간 신호등이 켜지면서 위험한 상황으로 이어질 수 있어. 디지털 경계에 빨간 신호등이 켜지지 않도록 주의하고, 항상 상대방의 허락을 구하고 경계를 존중하는 태도가 필요해.

함께 보고 의견을 나눠 볼 영화:

「월-E」(2008)

「자투라: 스페이스 어드벤쳐」(2006)

「빅 히어로」(2015)

「메가마인드」(2011)

디지털 기술이 발전함에 따라 이를 어떻게 활용해야 할지 고민하는 자세가 중요해졌어. 디지털 기술을 올바르게 사용하는 방법은 뭘까? 영화를 보고 너의 생각을 다른 사람들과 나눠 봐.

1. 영화 속에서 로봇이나 AI(인공 지능)가 나왔어. 기술이 발전하면 우리가 더 편리하게 생활할 수 있어. 예를 들어, 월-E는 지구를 청소하고, 베이맥스는 사람을 치료해 줘. 디지털 기술이 발전하면 어떤 점이 좋을까?

2. AI가 스스로 결정하고 행동할 수 있다면, 그 결정이 항상 올바를까? 영화 속에서 AI가 스스로 판단하는 장면이 있었니? 그 결과는 어땠어?

3. AI나 디지털 기술이 사람을 돕기 위해 만들어졌을 때는 좋은 기술이지만, 그 기술이 나쁜 목적으로 사용된다면 어떤 일이 일어날까?

4. 디지털 기술을 항상 올바른 목적으로 사용해야 하는 이유가 뭘까?

5. AI나 디지털 기술이 친구나 가족에게 어떤 도움을 줄 수 있을까? 예를 들어, 학교 공부를 도와주는 AI나 안전한 인터넷 사용을 돕는 프로그램이 있을 수 있어. 너는 이런 기술이 필요하다고 생각해?

6. 디지털 기술은 사람을 돕는 좋은 도구야. 그런데 이 도구를 어떻게 사용하느냐가 중요해. 디지털 기술을 올바르게 사용하는 방법은 뭘까?

7. 영화 속에서 작은 변화가 큰 변화를 만드는 걸 볼 수 있었어. 디지털 세상에서도 작은 행동으로 다른 사람들에게 좋은 영향을 줄 수 있는 방법이 있을까? (예를 들면, 친절한 말을 하거나 정확한 정보를 공유하는 행동)

영화를 보고 난 소감

사랑하는 너에게 들려주고 싶은 말

사이버 괴롭힘

친구들과 문자 메시지를 주고받고, 단체 채팅방에서 수다 떨고, 게임 속 채팅으로 이야기를 나누는 건 정말 재미있지? 온라인에서도 친구들과 계속 연결되어 있으니까 얼마나 편리해! 그런데 온라인에서 주고받는 말들도 우리가 조심해야 할 부분이 있어. 바로 '사이버 괴롭힘'이야.

사이버 괴롭힘은 말 그대로 인터넷이나 휴대폰 같은 온라인 공간에서 벌어지는 괴롭힘이야. 우리가 평소에 쓰는 카카오톡, 유튜브, 게임 채팅 창에서도 이런 일이 생길 수 있어. 얼굴을 마주 보지 않기 때문에 때로는 우리가 얼마나 큰 상처를 줄 수 있는지 잘 모를 수 있어. 나는 단순한 농담이나 장난이라고 생각할 수 있지만, 상대방에게는 큰 상처가 될 수 있지. 그렇기 때문에 온라인에서도 현실에서처럼 신중하게 말하고 행동해야 해. 친구의 감정을 생각하지 않고 친구에게 나쁜 말을 하거나 친구를 따돌리는 것은 옐로카드를 받을 만한 행동이야.

사이버 괴롭힘의 예로는 나쁜 메시지 보내기가 있어. 친구에게 "너 정말 못생겼어" 같은 말을 계속 보낸다면, 받는 친구는 기분이 나쁘고 상처를 받을 수 있어. 또, 단체 채팅방에서 친구를 일부러 빼놓고 대화하거나, 그 친구에 대해 나쁜 이야기를 하는 것도 사이버 괴롭힘이야. 단체 채팅방에서 무시당하는 친구는 외로움을 느끼고 상처받을 수 있어. 게임에서 친구를 무시하거나 방해하고, SNS에 나쁜 소문을 퍼뜨리거나 비밀을 말하는 글을 올리는 행동도 문제가 될 수 있어.

사이버 괴롭힘을 예방하려면 우리가 서로를 배려하고, 친구의 마음을 생각하는 태도를 가지는 게 중요해. 메시지를 보내기 전에 '이 말을 듣는 친구가 어떤 기분을 느낄까?'라고 한번 생각해 봐. 만약 실수로 친구에게 상처를 주는 말을 했다면, 진심으로 사과하는 태도가 필요해. 디지털 세상에서도 서로 따뜻한 마음을 가지고 행동한다면 더 즐겁고 안전하게 친구들과 시간을 보낼 수 있을 거야.

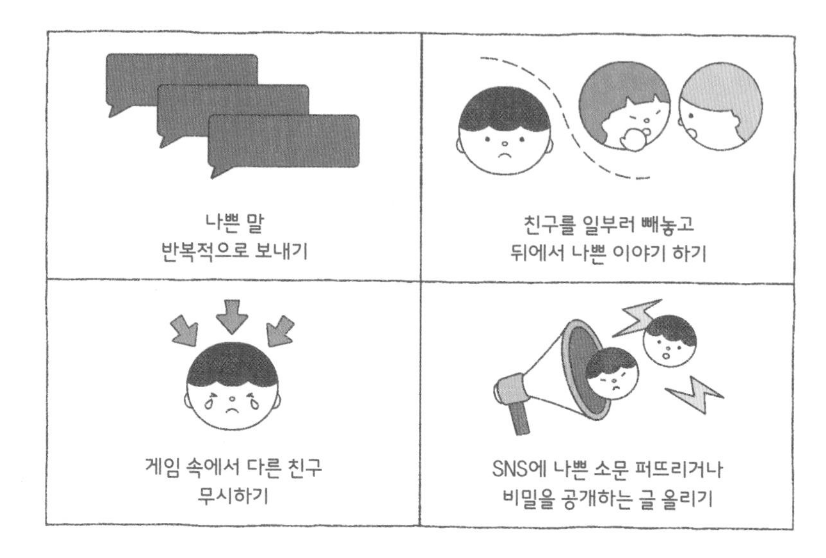

사이버 괴롭힘을 당하면 어떻게 해야 할까?

❶ 바로 도움 청하기 | 혼자 해결하려고 하지 말고, 보호자나 선생님께 꼭 알려야 해. 어른들이 너를 도와줄 수 있어!

❷ 증거 남기기 | 괴롭힘을 당한 메시지나 사진을 지우지 말고, 캡처해 두는 게 좋아. 채팅방은 나가지 않아야 해. 그래야 누가 괴롭혔는지 정확히 알 수 있어.

❸ 내 편 되어 주기 | 네가 네 자신의 편이 되어 줘야 해! 괴롭힘의 원인을 찾거나, 자책을 하는 건 마음 건강에 좋지 않아. 필요하다면 다른 친구나 믿을 수 있는 사람에게 고민을 털어놓아 보자.

만약 내가 사이버 괴롭힘을 목격했다면?

때로는 친구가 온라인에서 괴롭힘을 당하는 모습을 볼 때가 있어. 게임 속 채팅에서 나쁜 말을 듣거나, 단체 채팅방에서 친구가 따돌림을 당하는 걸 목격할 수도 있지. 이럴 때 그냥 지나치기보다는, 용기 있는 친구가 되어 친구를 도와줄 수 있어. 어떻게 하면 친구에게 힘을 줄 수 있을까? 몇 가지 방법을 알아보자!

❶ 친구에게 따뜻한 메시지 보내기 | 친구가 괴롭힘을 당하고 있을 때는 혼자라고 느끼기 쉬워. 이럴 때 "난 네 편이야!" 같은 따뜻한 메시지를 보내 주면 큰 힘이 될 수 있어. "힘내!", "필요하면 언제든 이야기해" 같은 말도 친구에게는 큰 위로가 돼. 이걸 보고 친구는 '내 곁에 진짜 친구가 있구나!' 하고 안심할 수 있어.

❷ 잘못된 행동은 멈춰 달라고 말하기 | 만약 괴롭히는 사람과 나쁘지 않은 사이거나 편하게 얘기할 수 있다면 "이건 너무 심한 것 같아. 그만하자"라고 말해 볼 수 있어. 친구의 기분을 생각하며 조심스럽게 말하면 괴롭히는 사람도 자신의 행동이 잘못되었음을 깨달을 수 있어. 이때 공격적인 말투보다 부드러운 말투가 효과적이야.

❸ 어른에게 알려 도움 요청하기 | 괴롭힘이 심해질 때는 혼자서 해결하려 하지 말고 보호자나 선생님께 도움을 요청하는 게 좋아.

어른들은 상황을 더 잘 이해하고 도와줄 수 있거든. 이건 친구를 위한 용기 있는 행동이야. 어른들이 도와주면 문제를 더 빨리 해결할 수 있고, 괴롭힘을 당한 친구도 안심할 수 있어.

사이버 괴롭힘은 얼굴을 마주 보지 않기 때문에 '내가 아무것도 안 해도 괜찮겠지'라고 생각하기 쉽지만, 그렇지 않아! 괴롭힘을 그냥 두면 피해자는 혼자서 더 큰 상처를 받게 돼. 내가 친구를 위해 나서서 도와주면, 친구에게 큰 힘이 될 수 있어.

또, 주변에서 "이 행동은 잘못됐어"라고 알려 주면, 괴롭히는 사람도 자신의 행동이 문제라는 걸 깨달을 수 있어. 그러니까 다음에 친구가 사이버 괴롭힘을 당하는 걸 본다면, 작은 용기를 내서 친구에게 힘을 주는 멋진 친구가 되어 보자!

온라인에서 내가 어떤 말과 행동을 하고 있는지 돌아보고, 친구에게 상처를 줄 수 있는 말이나 기분 좋게 해 줄 수 있는 말을 구분하는 연습을 해 보자.

1. 먼저, 지난주에 네가 친구들에게 메시지를 보내거나 댓글을 남긴 적이 있는지 생각해 봐. 예를 들어, 문자 메시지, 단톡방에서 했던 이야기, 게임 속에서 주고받은 말 등을 떠올려 보자.

2. 네가 했던 말 중에 기억나는 좋았던 말을 적어 봐. 그리고 그 옆에는 그 말을 들었던 친구는 어떤 느낌이었을지 적으면 돼.

내가 했던 좋은 말	친구의 기분은 어땠을까?
예) "오늘 너 정말 멋졌어! 발표할 때 자신감이 넘쳤어."	예) 뿌듯하고 자신감이 생겼을 것 같다.

3. 네가 했던 말 중에 기억나는 실수했던 말을 적어 봐. 그 옆에는 그 말을 들었던 친구는 어떤 느낌이었을지 적으면 돼. 그리고 다음번에는 어떻게 말하면 좋을지, 어떤 말을 조심해야 할지 생각해 보고 계획을 적어 봐.

내가 실수했던 말	친구의 기분은 어땠을까?
예) "네가 게임을 못하니까 우리 팀이 맨날 지지."	예) 속상하고 자신감을 잃었을 것 같다.

다음에는 어떻게 말할까?

예) 게임을 못한다고 탓하기보다는
잘할 수 있는 방법을 알려 주고 "다음엔
더 잘할 수 있을 거야"라고 응원해 줘야지.

4. 온라인에서 멋진 어린이가
될 수 있도록 스스로 다짐하는
약속을 적어 봐!

사랑하는 너에게 들려주고 싶은 말

안전하게 채팅하기

채팅 메신저를 사용해 본 적 있니? 채팅방은 정말 재미있는 공간이야. 친구들과 함께 이야기를 나누고 정보를 공유할 수도 있지. 하지만 때로는 불편한 일이 생길 수 있어. 예를 들어, 누군가가 옐로카드를 받을 만한 행동을 한다면 더 이상 즐겁지 않을 거야. 그래서 이번에는 모두가 기분 좋게 대화할 수 있는 방법을 알려 줄게. 이 규칙들을 잘 지키면 채팅방이 더욱 즐거운 공간이 될 거야!

동의 없이 친구의 사진이나 정보 공유하지 않기

채팅방에서는 재미를 위해 짤(인터넷상에서의 사진이나 그림)을 보내기도 하고, 친구들과 함께 찍은 사진을 공유하기도 하지. 이때도 중요한 건 상대방의 동의야! 친구의 사진이나 정보를 공유할 때는 꼭 허락을 받아야 해. 왜 그럴까? 그건 개인적인 것이기 때문이야. 우리 모두 자신의 정보가 마음대로 퍼지는 걸 원하지 않겠지? 그러니까 친구의 얼굴이 나온 사진이나 개인 정보를 공유하고 싶다면, 꼭 먼저 물어보자. “이 사진 올려도 될까?” 이렇게 말이야.

불편한 사진이나 영상 보내지 않기

채팅방에 무서운 사진이나 영상을 보내면 어떨까? 아마 친구들이 놀라거나 불편해할 거야. 특히 성적인 내용이나 폭력적인 내용은 절대 보내면 안 돼. 이런 것들은 법적으로 문제가 될 수 있어. 내 몸이 나온 사진은 괜찮을까? 아니, 그렇지 않아. 너는 아직 어린이기 때문에 네 몸을 이용해 만든 ‘성적 표현물*’은 아동·청소년 성보호에 관한 법률에 의해 ‘아동·청소년 성적 표현물 제작’으로 처벌받을 수 있어.

외모 평가하는 말은 피하기

친구들의 외모에 대해 이야기하는 것은 조심해야 해. 좋은 뜻으로 한 말이라도 상대방이 불편해할 수 있거든. 연예인에 대해서도 마찬가지야. 그들도 우리처럼 감정이 있는 사람이라는 걸 잊지 말자. 대신에 친구들의 행동이나 생각에 대해 이야기를 나누는 건 어때? 더 재미있고 의미 있는 대화가 될 거야.

개인 정보는 조심스럽게 공유하기

채팅방에서 새로운 친구를 사귀는 건 정말 신나는 일이야. 익명으로 참여할 수 있는 ‘오픈 채팅방’에서는 서로의 관심사를 공유하며 친구가 될 수 있지. 친구가 되는 과정에서 서로의 개인 정보를 공유하게 될 거야. 그럴 때는 직접적으로 나를 알아차릴 수 있는 정보는 숨기는 게 좋아. 예를 들면, 너의 이름, 네가 살고 있는 아파트 이름, 학교 이름, 휴대폰 번호 같은 것들이 있지!

'성적 표현물'은 벗은 몸이나 성적인 행동을 보여 주는 사진, 영상, 그림, 이야기 등을 의미해.

온라인 그루밍

혹시 숲속에서 꾀꼬리가 나뭇가지에 앉아 노래를 부르는 모습을 본 적 있니? 꾀꼬리가 노래하면 다른 새들이 그 소리에 이끌려 가까이 다가갈 수 있어. 그런데 만약 그 꾀꼬리가 친절한 척하면서 다른 새들을 함정에 빠뜨리려 한다면, 그것은 위험한 상황이 되겠지. '온라인 그루밍'도 이와 비슷해.

온라인 그루밍은 나쁜 어른들이 인터넷을 이용해 어린이들에게 친절하게 다가가 친해진 뒤, 그 신뢰를 이용해 나쁜 행동을 하려고 하는 과정을 말해. 이들은 처음에 친절하게 대하며 선물이나 칭찬으로 아이들에게 접근해. 그런데 그들의 진짜 목적은 아이들에게 잘못된 행동을 시키거나 나쁜 일에 끌어들이는 거야.

온라인 그루밍은 어떻게 이루어질까?

마치 숲속에서 나쁜 사냥꾼이 숨어서 동물들을 유인하는 것처럼, 나쁜 사람들도 온라인에서 친절한 척 다가와 아이들을 유혹해. 우리는 디지털 숲에서 사냥꾼 같은 나쁜 사람들을 경계해야 해. 나쁜 의도를 가진 어른들이 어떻게 천천히 접근하는지 설명해 줄게.

❶ 친근하게 다가오기 | 처음에는 친구처럼 다가와. "안녕! 너와 이야기하는 게 정말 재미있어. 나도 네가 좋아하는 게임을 해!"라고 말하면서, 아이들이 좋아하는 게임이나 관심사를 이용해 대화를 시작해. 처음에는 나쁜 의도가 전혀 보이지 않아.

❷ 신뢰 쌓기 | 그다음에는 칭찬을 하거나 선물을 주면서 더 친해지려고 해. "너 정말 대단한 아이구나!" 같은 말을 해서 자신을 믿게 만들고, "내가 너한테 게임 아이템을 줄게"라고 말하면서 아이들에게 좋은 사람처럼 보이려고 해.

❸ 비밀 요구하기 | 나쁜 어른들은 어느 순간부터 비밀을 요구해. "우리 둘만의 비밀이야. 절대 다른 사람에게 말하면 안 돼!" 이

렇게 하면서 아이들이 보호자나 선생님에게 말하지 못하게 막으려고 해. 이 단계에서는 아이가 누군가에게 도움을 요청하지 못하게 만들어서 더 위험한 상황을 만들려고 해.

❹ 나쁜 행동 요구하기 | 마지막에는 잘못된 부탁을 해. 예를 들어, 나쁜 사진을 찍어 보내라고 하거나 잘못된 행동을 하게 하려는 거야. 이때 아이는 이미 그 사람을 믿고 있고, 비밀을 지켜야 한다고 생각해서 나쁜 부탁을 들어줄 수밖에 없다고 느끼게 돼.

절대 네 잘못이 아니야!

여기서 가장 중요한 건, 절대로 이 상황이 아이들의 잘못이 아니라는 것이야. 나쁜 어른들은 처음부터 친절하고 좋은 사람인 척 아이들을 속여. 그 사람을 믿게 된 건 절대 잘못이 아니야. 나쁜 사람들의 의도가 문제지, 그 사람을 믿은 건 자연스러운 일이야. 그러니까 너의 잘못이 아니고, 도움을 요청하는 게 절대 부끄럽거나 두려운 일이 아니야.

만약 네가 나쁜 사람의 속임에 넘어가 잘못된 행동을 했더라도 그건 네 잘못이 아니야. 특히, 나쁜 사람이 네게 강요하거나 너를 속여서 나쁜 사진을 보내게 했거나 잘못된 행동을 하게 했다면 그건 모두 나쁜 어른들의 책임이지, 너의 잘못이 절대 아니야. 그리고 법적으로도 너는 처벌받지 않아. 피해자는 절대로 처벌받지 않으며,

그 상황에서 벗어나기 위해 도움을 청하는 게 가장 중요해.

우리나라 법에서는 온라인 그루밍을 당한 피해자가 절대 잘못한 게 없다는 것을 분명히 하고 있어. 법은 피해자를 보호하기 위해 존재하며, 나쁜 어른들의 행동은 철저히 처벌받아야 해. 그러니까 어떤 상황이 생겼든, 너는 걱정하지 말고 어른들에게 도움을 요청해야 해. 법적으로도 너는 보호받을 권리가 있고, 네 잘못이 아니라는 걸 항상 기억하자. 부끄러워할 필요도 없고, 두려워할 필요도 없어.

신고 방법:

'온라인그루밍안심앱'으로 신고하기

'디지털성범죄피해자지원센터'에 도움 요청하기 (☎ 02-735-8994)

'여성긴급전화'에 도움 요청하기 (☎ 1366)

학교 선생님이나 보호자, 가족에게 도움 요청하기

온라인 그루밍을 예방하려면?

디지털 기기를 사용하는 건 전혀 문제가 아니야. 인터넷에서 게임을 하고, 친구와 이야기를 나누고, 정보를 찾는 건 아주 멋진 일이야. 문제는 나쁜 의도를 가진 사람들이야. 우리는 그들을 어떻게 피할 수 있을까? 여기 몇 가지 방법을 알려 줄게.

❶ 비밀을 요구할 때는 의심하기 | 인터넷에서 누군가가 비밀을 지켜 달라고 하면, 그건 이상한 행동일 수 있어. 친구 사이에서도 비밀은 나쁜 의도를 감추기 위한 방법이 될 수 있어. 그러니까 비밀을 요구하면 바로 보호자나 선생님에게 이야기해야 해.

❷ 인터넷에서 만난 사람은 주의하기 | 게임이나 SNS에서 만난 사람은 진짜 친구가 아닐 수 있어. 온라인에서는 자신이 어떤 사람인지 숨기기 너무 쉬워. 왜냐하면 온라인 공간은 '익명성*'이 있기 때문이지! 누군가가 너무 친절하거나, 선물을 주겠다고 하거나, 개인적인 정보를 물어본다면 꼭 어른들에게 이야기하자.

❸ 혼자 해결하려고 하지 않기 | 어떤 상황에서든 혼자 해결하려고 하지 마. 숲속에서 길을 잃은 동물이 친구나 가족을 찾듯이, 너도 인터넷에서 무언가 불편하거나 이상한 일이 생기면 꼭 어른들에게 도움을 요청해야 해.

결론적으로, 디지털 세상에서 즐겁게 생활하는 건 잘못된 게 아니야! 하지만 그 속에 나쁜 의도를 가진 사람들이 있을 수 있기 때문에 우리는 항상 주의해야 해. 혹시나 나쁜 행동을 하는 사람을 만나면 어른들에게 도움을 요청해야 해. 절대 너의 잘못이 아니니까 부끄러워하지 말고 어른들에게 이야기하자!

'익명성'이란 인터넷이나 어떤 공간에서 누가 말하거나 행동했는지 알 수 없도록 숨겨진 상태를 의미해. 예를 들어, 우리가 온라인에서 실제 이름이나 얼굴을 드러내지 않고 메시지를 보낼 때, 그게 바로 익명성이야. 익명성은 개인 정보를 보호하는 데 도움이 될 수 있지만, 때로는 잘못된 행동을 숨기려는 사람들에게 이용될 수도 있어.

사랑하는 너에게 들려주고 싶은 말

온라인에서 나를 지키기 위한 안전 규칙을 만들어 보자! 나쁜 사람을 피해 안전하게 디지털 세상을 즐길 수 있는 방법을 정리해 봐. 내가 어떻게 행동할지 스스로 정해 보고, 기억할 수 있도록 적어 보자.

디지털 안전 규칙 만들기

- 예) 누군가 우리 사이를 비밀로 지켜 달라고 말한다면 가족이나 선생님에게 말할 거야.
- 예) 이름, 주소, 전화번호, 나이, 사진과 같은 개인 정보를 공유할 때 안전한 사람인지 확인할 거야.
- 예) 아무리 친해도 내 몸이 나오는 사진을 보낼 때는 조심할 거야.

진짜 친구, 가짜 친구

숲속에서 다람쥐들이 새로운 동물을 만나면 처음에는 조심스럽게 다가가 서로의 거리를 유지해. 조금씩 서로를 지켜보면서 이 동물이 안전한 친구인지 알아보지. 온라인에서 새롭게 친구를 사귈 때도 똑같이 신중해야 해. 진짜 친구인지, 아니면 나를 속이고 이용하려는 사람인지를 시간을 두고 천천히 확인하는 것이 중요해.

진짜 친구를 확인하는 행동 가이드

❶ 내 정보는 나만의 것! | 내 이름, 주소, 전화번호 같은 개인 정보는 나만의 소중한 정보야. 내가 알려 주고 싶지 않다면 알려 줄 필요가 없어. 진짜 좋은 친구라면 나의 개인 정보를 알려 달라고 강요하지 않을 거야. 진짜 친구는 서로의 경계를 존중하는 법을 알아.

❷ 온라인에서 비밀은 없다! | 좋은 친구라면 비밀을 요구하지 않아. 만약 누군가가 "이건 너와 나만의 비밀이야"라고 말한다면,

진짜 신뢰할 수 있는 사람이 아닐 가능성이 커. 좋은 친구는 비밀을 요구하지 않고, 우리 사이에 어떤 이야기도 숨기지 않을 거야. 비밀은 서로의 신뢰를 무너뜨릴 수 있는 함정이 될 수 있어.

❸ 신뢰는 상호 작용으로 쌓인다! | 신뢰는 일방적이지 않아. 나도 상대방을 신뢰해야 하고, 상대방도 나를 신뢰해야 해. 만약 내가 불편함을 느낄 때 상대방이 나의 경계를 이해하지 못한다면, 그 관계는 진정한 신뢰를 쌓기 어려운 관계야. 서로의 감정을 존중하는 사람이 진짜 신뢰할 수 있는 사람이야.

❹ 문제가 생기면 혼자 해결하지 않기 | 온라인에서 이상한 일이 생기면 혼자 해결하려 하지 말고 보호자, 선생님, 믿을 수 있는 어른들과 이야기해야 해. 진정한 신뢰는 나 혼자만의 것이 아니라, 주변 어른들과 함께 만들어 가는 것이야. 어른들은 위험한 상황을 더 잘 이해하고, 도와줄 수 있는 지혜를 가지고 있어.

❺ 항상 내 의사를 존중하는지 확인하기 | 진짜 신뢰할 수 있는 친구는 내가 원하지 않는 행동을 절대 강요하지 않아. 만약 상대방이 내가 원하지 않는 일을 계속 요구하거나, 내가 거절했음에도 불구하고 계속해서 부탁한다면, 그건 신뢰할 수 없는 행동이야. 내가 '아니'라고 했을 때 그걸 이해하고 존중해 주는 친구가 진짜야.

좋은 친구 되기

우리가 오프라인에서 친구와 시간을 보내고, 서로서로의 얼굴을 보며 이야기할 때 신뢰가 생기는 것처럼, 온라인에서도 누군가와 이야기를 하다 보면 신뢰라는 것이 생길 수 있어. 하지만 온라인에서의 신뢰는 조금 다르게 생각해야 해. 온라인에서는 상대방이 누구인지 정확히 알기 어렵기 때문이야. 그 사람이 진짜 친구인지, 아니면 가짜로 꾸며 낸 모습인지 알 수 없을 때도 있어. 그래서 온라인에서의 신뢰는 조심스럽고 신중하게 쌓아 가야 해.

온라인 친구와 신뢰 쌓기

온라인에서 신뢰는 새들이 나무 위에 둥지를 짓는 것과 같아. 둥지는 천천히, 안전한 나뭇가지 위에 지어져야 튼튼하게 오래갈 수 있어. 우리가 신뢰를 쌓을 때도 마찬가지야. 디지털 세상에서는 익명성이 있어서 그 사람이 누구인지 정확히 알기 어려울 때가 많아. 그래서 서로의 경계를 존중하고 천천히 신뢰를 쌓아 가는 것이 아주 중요해. 멋진 친구 관계를 맺기 위해 어떤 걸 해야 하는지 함께 알아 가 보자.

❶ 서로에 대해 잘 알기 | 현실에서 친구를 사귈 때도 우리는 친구에 대해 시간을 두고 천천히 알아 가지. 온라인에서도 마찬가지야. 어떤 사람이 내게 다가올 때, 그 사람이 나에 대해 잘 알기도 전에 너무 가까워지려 한다면, 한 번 더 생각해 보는 것이 좋아. 신뢰는 시간을 두고 천천히 쌓아 가는 것이야. 친절한 말 한두 마디로 바로 친구가 될 필요는 없어.

❷ 서로의 경계 존중하기 | 친구를 사귈 때는 서로서로의 경계를 존중하는 게 중요해. 온라인에서도 마찬가지야. 상대가 나에게 불편한 질문을 하거나, 개인적인 이야기를 물어본다면, 그것에 대해 대답할 필요는 없어. 진짜 신뢰할 수 있는 친구라면 내가 대답하기 어려워해도 이해하고 존중해 줄 거야.

❸ 서로의 행동에 책임지기 | 진짜 친구라면 내가 잘못된 행동을 하려고 할 때 바로잡아 주기도 해. 온라인에서 만난 사람이 만약 나쁜 행동을 하도록 유도하거나, 잘못된 일을 시도하려 한다면, 그 사람은 신뢰할 수 있는 사람이 아니야. 신뢰는 서로가 올바른 방향으로 행동할 수 있게 도와주는 거야. 좋은 친구는 잘못된 행동을 하라고 하지 않아.

❹ 서로의 선택 이해하기 | 좋은 친구는 내가 그들과 항상 연락하지 않아도 나를 이해해 줘. 예를 들어, 내가 인터넷에서 쉬고 싶거나 게임을 그만두고 싶을 때 그것을 이해해 주는 친구가 진짜 신뢰할 수 있는 친구야. 나의 선택을 존중하고, 나의 결정을 강요하지 않는 사람이 바로 진정한 친구지.

챕터 5에서 배운 내용을 정리해 보자. 다음 설명은 디지털 세상에서 일어날 수 있는 범죄야. 천천히 읽고 정답을 연결해 봐.

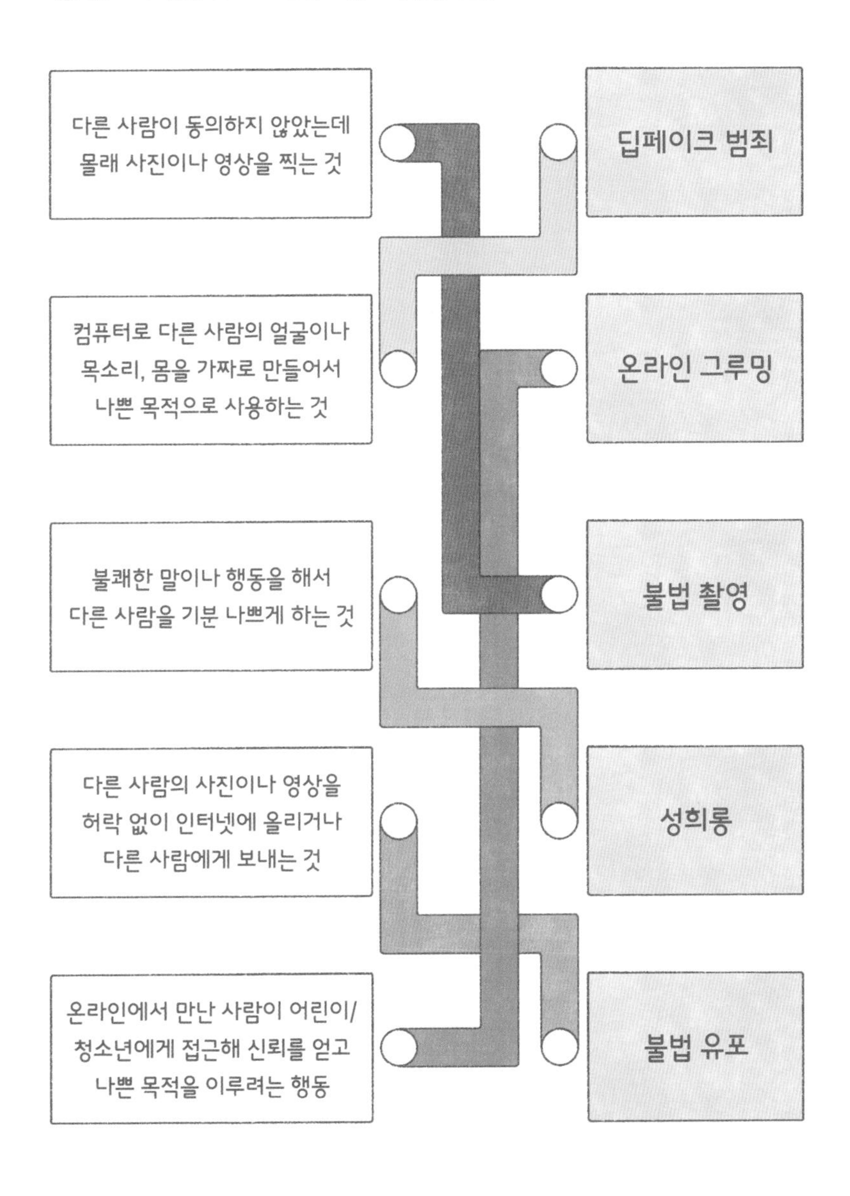

마치는 글

이제 『자람집』의 마지막 페이지까지 함께했어! 이 책을 통해 배운 '경계'와 '배려'가 너에게 어떤 의미로 다가왔을지 궁금해. 너는 이 책에서 친구와 가족, 그리고 너 자신을 더 잘 이해하고 존중하는 방법을 하나씩 배워 왔어. 서로의 마음을 존중하는 일은 멋진 친구와 가족이 되는 데 아주 중요한 힘이 된단다.

네가 배운 것들은 앞으로도 친구들과 즐겁고 편안하게 지낼 수 있는 든든한 밑거름이 될 거야. 물론, 가끔은 우리가 잘 알면서도 잊어버리거나 실수할 수도 있어. 하지만 괜찮아! 네가 성장하는 동안, 이 책에서 배운 것들을 하나씩 다시 떠올리고, 조금씩 더 멋진 모습으로 나아가면 돼.

네 곁에는 언제나 네 마음을 지켜 줄 어른들이 있다는 걸 기억해줘. 『자람집』을 통해 함께했던 이 경험이 네 마음에 따뜻하게 남아,

앞으로도 건강하고 좋은 관계를 만들어 가는 데 도움이 되길 바라.

멋진 너를 응원해!

자람집 경계존중편
건강한 자람에 필요한 성교육 모음집

초판 1쇄 2025년 1월 20일

지은이 노하연
디자인 손세희
운영지원 이은솔, 최지수
마케팅 김민지

펴낸곳 성문화연구소 라라
출판등록 2023년 6월 14일 제2023-000030호
홈페이지 www.lalaschool.kr
대표전화 070-4842-2514
전자우편 lalaschool@naver.com

ISBN 979-11-983687-3-7 74300
979-11-983687-2-0 (세트)

건강한 자람에 필요한 성교육 모음집

자람집 .zip

노하연 글 · 손세희 그림

경계 존중 편 보호자용(부록)

자람집

건강한 자람에 필요한 성교육 모음집

자람집 .zip

노하연 글 · 손세희 그림

경계 존중 편 보호자용(부록)

차례

챕터 2. 내 몸의 경계선

챕터 3. 내 마음의 경계선

챕터 4. 삐- 이건 경고야!

챕터 5. 안전하게 로그인

여는 글

존경하는 보호자님께

이 책은 아이들이 친구, 가족, 학교, 그리고 디지털 세상에서 서로의 경계를 존중하고 마음을 배려하는 멋진 아이로 성장할 수 있도록 돕기 위해 만들어졌어요. 우리는 아이들이 스스로의 경계를 알고, 다른 사람의 경계도 존중하는 법을 배워 가길 바라는 마음으로 이 책을 준비했답니다. 하지만 이런 개념이 아이들에게는 아직 낯설고 어려울 수 있어요. 그래서 가정에서 보호자님의 따뜻한 도움이 필요해요.

경계 존중은 아이가 다른 사람과 안전하고 건강한 관계를 만들어 나가기 위해 꼭 필요한 소중한 덕목입니다. 이 책에서는 아이들이 자연스럽게 경계 존중을 배울 수 있도록 일상적인 상황과 친근한 예시를 통해 쉽게 설명하고 있어요. 아이가 이 책을 읽고 나서 일상 속에서 경계를 지켜야 하는 다양한 상황을 떠올리고, 서로를 존중하며 모두가 편안한 관계를 만들어 가는 방법을 조금씩 익혀 가길 바랍니다.

보호자님께서도 이 책을 아이와 함께 읽으시면서 경계에 대한 이야기를 나누고, 가족 안에서 어떻게 실천할지 함께 고민해 주시면 좋겠습니다. 특히, 대화 중에 아이의 의견을 묻고 감정을 존중하는 모습을 보여 주신다면 아이는 자연스럽게 보호자님을 통해 경계 존중을 배울 거예요. 또한, 아이가 친구 관계에서 어려운 상황을 겪을 때, 어떻게 동의를 구하고 스스로의 경계를 표현할 수 있을지 함께 이야기해 주세요.

경계 존중은 나 자신과 다른 사람을 지켜 주는 소중한 약속입니다. 아이가 이 책을 통해 건강한 관계를 맺는 법을 배울 수 있도록, 보호자님께서도 이 여정에 함께해 주시길 바랍니다.

『자람집』 지은이,

노하연 드림

책의 구성

『자람집』은 아이와 보호자가 함께 성장하는 시간을 위해 '어린이용 도서'와 '보호자용 도서'로 구성되어 있습니다. 아이들이 경계와 존중의 개념을 자연스럽게 이해하고 일상에서 실천할 수 있도록 돕는 것이 이 책의 목표입니다.

'어린이용 도서'에는 아이들이 경계 존중의 개념을 이해할 수 있도록 쉽고 재미있는 글과 다양한 활동이 포함되어 있습니다. 아이들이 글을 읽고, 자신만의 생각을 적어 보거나 연습해 볼 수 있는 활동을 통해 직접 경험할 수 있도록 구성하였습니다. 또한, 책 곳곳에는 '사랑하는 너에게 들려주고 싶은 말' 페이지가 마련되어 있어요. 이 페이지는 보호자가 직접 코멘트를 적어 아이에게 따뜻한 격려와 응원을 전할 수 있는 특별한 공간입니다. 보호자의 메시지는 아이에게 자신감을 심어 주고, 더 좋은 선택을 할 수 있도록 돕는 힘이 될 것입니다.

‘보호자용 도서’는 아이의 책과 함께 읽을 수 있도록 ‘어린이용 도서’의 주요 내용을 간략히 요약하고, 아이가 책의 내용을 잘 이해할 수 있는 대화 방법을 제시합니다. 또한, 보호자가 아이에게 격려의 코멘트를 작성할 수 있도록 작성 팁과 예시 코멘트도 함께 제공됩니다. 아이의 경험과 감정을 소중히 다루면서, 보호자가 아이의 성장을 따뜻하게 지지할 수 있도록 안내해 드립니다.

『자람집』은 아이와 보호자가 함께 읽고 서로 이야기 나누며 경계와 존중의 가치를 배우고 성장하는 시간을 위한 책입니다. 아이들은 이 책을 통해 건강한 관계의 중요성을 배우고, 보호자는 아이에게 든든한 지원자가 되어 줄 수 있습니다. 『자람집』과 함께, 아이와 보호자가 함께하는 특별한 여정을 시작해 보세요.

챕터 1. 어린이와 권리

사람 대 사람으로의 양육

『자람집』 15p | 어린이도 권리가 있어!

아이와 함께하는 양육은 가르침이나 지도를 넘어서, 서로를 존중하는 따뜻한 관계를 만드는 일입니다. '사람 대 사람으로의 양육'은 어린이를 '어른이 이끄는 작은 존재'가 아닌, '하나의 독립적인 인격체'로 대하는 태도에서 시작합니다. 어린이는 어른과 마찬가지로 자신의 감정과 생각을 지니고 있고, 상황에 따라 "좋아" 또는 "싫어"를 표현할 수 있는 사람이지요. 권리는 어린이와 어른, 모든 사람에게 필요하며, 어린이에게도 당연히 주어져야 할 것이에요.

우리의 역할은 아이들이 자신의 권리를 당당히 느끼고 표현할 수 있도록 지지해 주는 것입니다. 아이가 무엇을 좋아하고 싫어하는지 솔직하게 말할 때 "그렇구나, 네 생각을 알려 줘서 고마워"라며 아이의 감정을 존중하는 모습은 아이가 스스로를 소중히 여기는 데 큰 힘이 됩니다.

아이들은 어른들만큼의 경험은 없을 수 있지만, 경험의 부족이 인격체로서의 가치와 중요성을 낮추는 것은 아니에요. 사람 대 사람으로의 양육을 통해 아이는 자신의 감정과 경계를 소중히 여기고, 타인의 마음도 존중하는 태도를 자연스럽게 배울 수 있어요.

어린이의 권리

어린이가 가진 기본적인 권리에는 안전하게 보호받을 권리, 학습하고 놀 수 있는 권리, 의견을 표현할 권리, 사랑받을 권리 등이 있어요. 이러한 권리들은 아이들이 건강하게 자라고, 행복한 경험을 하며, 자신을 소중히 여기는 데 필요한 요소들이지요. 보호자는 아이가 자신의 권리를 인식하고 실천하도록 도와주고, 스스로를 지킬 수 있는 힘을 기를 수 있도록 지지해 줄 수 있습니다.

아이와 함께 실천하는 권리 존중의 태도

서로의 권리를 존중하는 사람 대 사람의 양육은 아이의 감정과 결정을 진심으로 이해하고 지지하는 것에서 시작됩니다. 아이들이 자신의 권리를 느끼고 존중받는 환경을 만들기 위해, 가족이 일상 속에서 아이의 권리를 지켜 주는 작은 행동들을 실천하는 것이 도움이 됩니다. 여기에는 아이의 의견을 진지하게 듣고, 아이의 감정을 존중하며 표현할 기회를 주는 것 등이 포함됩니다. 예를 들어, 아이가 불편한 상황에 대해 이야기할 때 경청하고, 아이의 감정이나 경험을 인정해 주는 것이죠. 이로 인해 아이는 자신의 권리를 더욱 확실히 이해하고, 자기 자신을 존중할 수 있는 기반을 얻게 됩니다.

폭력, 학대, 착취로부터
보호받을 권리

건강하게 자랄 권리

의견을 표현할 권리

도움이 되는 정보를 얻고,
유해한 정보로부터
보호받을 권리

사생활을 존중받을 권리

자유롭게 생각하고
자신의 양심에 따라
행동할 권리

교육받을 권리

휴식과 여가를 즐길 권리

노동으로부터
보호받을 권리

모든 종류의 차별로부터
보호받을 권리

부모를 알고 보호자에
의하여 양육받을 권리

모든 형태의 성매매,
성착취, 성학대로부터
보호받을 권리

다음과 같은 방법을 통해 아이의 권리를 존중하고, 따뜻한 관계를 만드는 실천을 해 보세요.

❶ **아이의 의견에 귀 기울이기 |** 아이가 좋아하는 것과 싫어하는 것을 표현할 때 진심으로 경청하는 태도는 아이가 자기 생각을 더 소중히 여기도록 돕습니다. “네 의견을 듣고 싶어”라는 말은 아이에게 자신이 중요한 사람이라는 느낌을 줄 수 있어요.

❷ **아이에게 선택의 기회 주기 |** “이걸 해 보자”가 아닌, “네가 원하면 해 볼래?”라고 물어보면 아이는 자신이 선택할 수 있는 사람이라는 사실을 자연스럽게 받아들입니다. 아이에게 자기 결정의 힘을 느끼게 하는 것은 권리의 중요성을 배우는 데 큰 도움이 돼요.

❸ **거절할 수 있는 용기 응원하기 |** 아이가 “싫어”라고 말할 수 있도록 지지해 주세요. “싫어”는 부정적인 것이 아니라, 나를 지키기 위한 자연스러운 표현임을 알려 주세요. ‘싫다’는 감정이 무례하지 않다는 사실을 알면, 아이는 더욱 안전하게 자신의 경계를 지킬 수 있을 거예요.

❹ **모두가 행복한 관계를 위해 연습하기 |** 경계 존중은 서로를 이해하고 행복하게 해 주는 중요한 방법입니다. “네 마음이 소중하듯

친구의 마음도 소중해"라고 말해 주면, 아이는 자신의 마음뿐 아니라 다른 사람의 감정도 존중하는 태도를 익히게 돼요.

모두의 권리가 존중되는 세상 만들기

사람 대 사람으로의 양육은 아이를 단순히 보호해야 할 존재로 바라보는 것을 넘어, 서로의 마음을 소중히 여기는 관계를 만들어 가는 일입니다. 아이와 어른 모두의 권리가 소중하다는 것을 알고 서로의 경계를 존중하는 태도는 아이가 스스로를 소중히 여기고, 타인을 존중하는 멋진 사람으로 자라나는 힘이 됩니다.

아이와 함께하는 이 여정이 아이에게 자신감과 존중을 가르쳐 주고, 건강한 관계를 만들어 가는 소중한 경험이 되기를 바랍니다. 아이와 보호자가 함께 권리를 소중히 여기며 따뜻한 마음으로 성장하는 시간을 만들어 가길 응원합니다.

★ **코멘트 작성 팁**

책에 남기는 따뜻한 코멘트는 아이가 권리를 쉽게 이해하고 마음에 새기는 데 중요한 역할을 할 수 있어요. 코멘트를 적을 때는 아이의 일상과 감정을 연결하며 친근하게 이야기하는 방식을 추천합니다. 또한, 아이가 권리를 이해하고 소중하게 여길 수 있도록 보호자의 지지와 응원을 담은 메시지로 구성하면 좋아요.

권리에 대해 아이와 대화할 때는 일상과 연관 지어 구체적인 예시를 들어 설명하는 것이 좋아요. 예를 들어, “너는 안전하게 보호받을 권리가 있어서 학교에 갈 때도 보호받을 수 있는 거야”, “네가 기분이 상했을 때 ○○에게 솔직하게 말할 수 있는 것도 사랑받을 권리 덕분이란다” 같은 방식으로 말입니다.

❶ **아이의 권리와 일상 연결하기 |** 아이가 학교에서 안전하게 지내는 것, 친구들과 사이좋게 지내는 것 등이 권리 덕분이라는 점을 짚어 주세요.

❷ **아이를 지지하는 메시지 전하기 |** “너의 권리는 소중한 힘이야. 너의 권리를 소중히 여기는 내가 항상 네 곁에 있어”와 같이 아이가 보호받고 있다는 확신을 줄 수 있는 메시지를 적어 보세요.

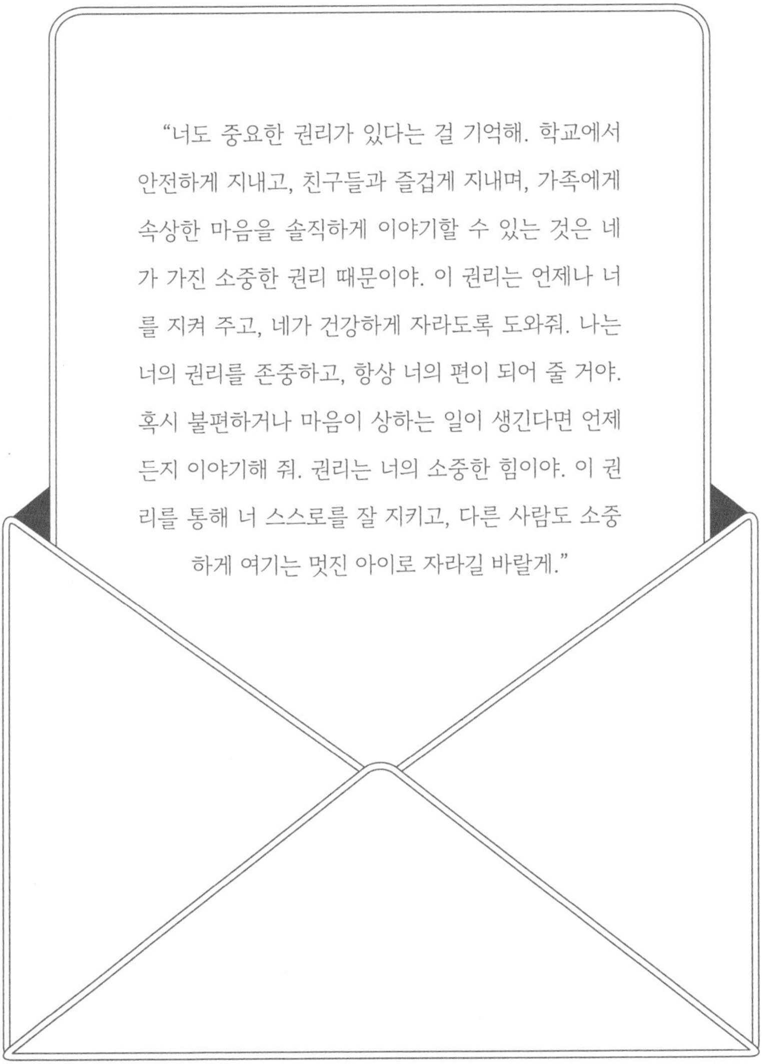

"너도 중요한 권리가 있다는 걸 기억해. 학교에서 안전하게 지내고, 친구들과 즐겁게 지내며, 가족에게 속상한 마음을 솔직하게 이야기할 수 있는 것은 네가 가진 소중한 권리 때문이야. 이 권리는 언제나 너를 지켜 주고, 네가 건강하게 자라도록 도와줘. 나는 너의 권리를 존중하고, 항상 너의 편이 되어 줄 거야. 혹시 불편하거나 마음이 상하는 일이 생긴다면 언제든지 이야기해 줘. 권리는 너의 소중한 힘이야. 이 권리를 통해 너 스스로를 잘 지키고, 다른 사람도 소중하게 여기는 멋진 아이로 자라길 바랄게."

사랑하는 너에게 들려주고 싶은 말 예시

성적 권리

『자람집』 19p | 성적 자기 결정권이란 뭘까?

'성적 자기 결정권'이란 사람이 자신의 몸과 마음에 대해 스스로 선택할 수 있는 권리를 말해요. 이는 자신의 신체와 감정에 대한 결정과 표현의 자유로, 다른 사람이 강요할 수 없는 개인의 소중한 권리입니다. 하지만 한국에서는 이 개념이 오해되는 경우가 많아요. 성적 자기 결정권이 무분별한 성적 행동을 조장한다거나, 책임 없는 결과를 초래한다고 생각하는 경향이 있지요. 사실 성적 자기 결정권은 나의 몸과 마음을 존중하고, 나와 타인을 보호하는 건강한 선택의 기반입니다.

어린이와 청소년에게 성적 자기 결정권이 중요한 이유는, 이 권리가 자신을 소중히 여기고 타인을 배려하는 태도를 가르쳐 주기 때문이에요. 아이들은 이 권리를 통해 스스로에게 편안한 선택을 하며, 건강한 관계를 맺는 법을 배울 수 있습니다. 성적 자기 결정권을 올바르게 이해하면, 아이들은 자신의 몸과 마음을 안전하게 보호하고, 타인의 감정을 존중하는 방법을 자연스럽게 익히게 됩니다.

성적 자기 결정권=모든 성 행동을 허용하다?

성적 자기 결정권은 무조건 '모든 행동을 허용하라'는 의미가 절대 아닙니다. 오히려 이 권리는 내 몸과 마음에 대한 선택과 거절의 힘을 주는 것으로, 아이들이 자신과 타인의 경계를 지키며 관계를 형성할 수 있도록 돕습니다. 성적 자기 결정권이 중요한 이유는 자신이 느끼는 불편함을 인지하고 표현할 수 있게 도와주고, 이를 통해 안전한 환경을 스스로 만들어 갈 수 있도록 하는 데 있습니다.

예를 들면, 원치 않는 신체 접촉에 불편함을 느낄 때 거절할 수 있는 이유는 바로 성적 자기 결정권이 있기 때문이지요. 성적 자기 결정권을 통해 자신의 몸과 마음을 지킬 수 있는 선택권을 갖게 됩니다. 신체 접촉뿐 아니라 상대가 성적인 농담을 하거나 불편한 질문을 할 때에도 거절할 수 있는 힘을 갖게 됩니다. 만약 이 권리가 없다면, 아이는 불편함을 느끼면서도 표현하지 못하고 자신의 감정을 억누를 수밖에 없습니다.

왜 성적 자기 결정권을 어린이에게 가르쳐야 할까?

어린 시절부터 성적 자기 결정권을 존중받고 자란 아이는 자신의 감정과 생각을 소중히 여기고, 타인의 생각도 존중하는 법을 자연스럽게 배우게 됩니다. 또한, 이 권리는 아이들이 스스로의 선택을 지킬 수 있게 도와주며, 위험 상황에서도 스스로를 보호할 수 있는 힘을 길러 줍니다.

성적 자기 결정권은 아이가 존중받는 한 사람으로 자라도록 돕는 중요한 출발점입니다. 아이가 자신을 지킬 수 있고, 타인의 감정도 중요하게 여길 수 있도록 지지해 주는 양육은 아이가 건강하고 행복한 관계를 만들 수 있는 중요한 기반이 되어 줄 것입니다.

챕터 2. 내 몸의 경계선

내 몸의 경계선

우리 아이들이 건강하고 행복하게 자라기 위해서는 자신과 타인의 경계를 이해하고 존중하는 법을 배우는 것이 중요합니다. '경계'란 각자의 몸과 마음이 편안함을 느끼는 선이라고 생각할 수 있어요. 이 선은 사람마다 다르며, 서로의 경계를 지켜 주는 것은 상대방을 존중하고 관계를 건강하게 유지하는 중요한 방법입니다.

'경계 존중'이란 내가 편안하게 느끼는 범위와 상대가 편안해하는 범위를 서로 존중하는 것입니다. 이는 상대방의 동의를 구하거나, 상대의 감정을 존중하면서 타인과 상호작용하는 것을 포함해요. 이를 통해 아이들은 스스로를 보호하는 방법과 타인을 배려하는 마음을 배울 수 있습니다.

경계 존중이 왜 중요할까?

아이들이 자신의 경계를 잘 이해하고, 이를 표현할 수 있는 능력을 기르면 자기 보호와 대인 관계에서 안정감을 얻을 수 있습니다.

예를 들어, 아이가 어떤 상황에서 불편함을 느꼈을 때 "싫어"라고 말할 수 있는 힘을 갖게 되고, 자연스럽게 다른 사람의 경계도 존중하게 됩니다. 이러한 경험은 아이가 사회적 관계에서 건강하게 상호작용하고, 자신과 타인의 권리를 인식하는 첫걸음이 됩니다.

또한, 경계 존중은 가정 안에서도 중요한 역할을 합니다. 보호자가 아이의 경계를 존중하는 모습을 보여 줄 때, 아이는 자연스럽게 자신의 생각과 감정을 소중히 여기고, 타인을 존중하는 법을 배울 수 있습니다.

경계 존중을 실천하는 방법

아이들에게 경계 존중을 가르칠 때는 보호자가 일상에서 경계 존중을 실천하는 것이 큰 도움이 됩니다. 다음은 보호자가 일상에서 실천할 수 있는 몇 가지 방법입니다.

❶ 아이의 의사를 존중하고 동의 구하기 | 아이가 원하지 않는 활동을 강요하기보다는, 아이에게 동의를 구하고 선택할 수 있는 기회를 주세요. 예를 들어, "이제 집에 갈 시간이야. 준비됐니?"라고 물어보는 것도 아이의 마음을 존중하는 작은 실천입니다.

❷ 아이의 감정을 인정하고 표현 장려하기 | 아이가 싫어하거나 불편해할 때는 그 감정을 존중하고, "그럴 수도 있지. 어떤 게 불편

하니?"라고 물어보며 아이의 마음을 헤아려 주는 것이 중요합니다. 아이가 불편함을 표현하는 것을 부끄러워하지 않도록 보호자께서 먼저 아이의 마음을 인정해 주세요.

❸ 다른 사람의 경계를 지키는 모습 보여 주기 | 보호자가 타인의 경계를 존중하는 모습을 보여 주면 아이도 자연스럽게 배웁니다. 예를 들어, 다른 사람의 허락 없이 물건을 사용하지 않거나, 상대방이 불편해할 때 이를 존중하는 모습을 보여 주세요.

❹ "싫어"라고 말할 수 있는 용기 응원하기 | 아이가 불편함을 느낄 때 "싫어"라고 표현하는 것이 용기 있는 행동임을 알려 주세요. "싫어"라는 말은 부정적인 것이 아니라, 자신의 감정을 보호하고 표현하는 중요한 방법이라는 것을 강조해 주시는 것이 좋습니다.

거절의 힘 길러 주기

『자람집』 32p | 경계를 지켜 줘

아이들은 때때로 친구나 다른 사람과의 신체 접촉이 불편하게 느껴질 수 있지만, 자신의 경계를 분명히 표현하는 것이 쉽지만은 않지요. 이 장에서는 아이들이 자신의 몸과 마음의 경계를 이해하고, 불편한 상황에서 용기 있게 "싫어"라고 말하는 법을 배웁니다. 이 연습은 아이가 자신을 보호하고, 존중받을 권리가 있다는 사실을 몸소 익히는 중요한 과정입니다.

아이들이 자연스럽게 자신의 경계를 지키는 다양한 표현을 배울 수 있도록 돕는 것이 보호자의 역할입니다. 또한, 아이들이 거절을 표현할 때 보호자의 따뜻한 격려와 지지가 뒷받침된다면 아이는 더 큰 용기와 자신감을 얻을 수 있습니다.

아이가 신체 접촉이나 감정적으로 불편한 상황에서 "싫어"라고 말할 수 있는 용기를 가질 때, 아이의 결정을 존중해 주고, 거절할 권리가 있다는 것을 일깨워 주면 좋습니다. 보호자의 코멘트는 아이가 거절을 용감하고 멋진 선택으로 느낄 수 있도록 돕습니다.

★ **코멘트 작성 팁**

❶ 아이의 용기 있는 거절 칭찬하기 | "너는 불편할 때 '싫어'라고 말할 수 있는 용기가 있어서 정말 멋지구나. 너의 몸과 마음을 스스로 지킬 줄 아는 네가 자랑스러워!"

❷ 동물 친구의 예시를 언급하며 격려하기 | "불편할 때 고슴도치처럼 '지금은 싫어'라고 말하는 너의 모습이 멋져! 네가 자신을 지킬 수 있는 용감한 아이가 되었으면 좋겠어."

❸ 거절할 때 느낄 수 있는 불안함을 이해하고 위로하기 | "거절하는 건 쉽지 않은 일이지만, 네가 '싫어'라고 말할 수 있는 용기가 있다는 걸 알아. 네가 언제든 네 마음을 솔직하게 말할 수 있도록 내가 늘 네 편이 되어 줄게."

"네가 불편할 때는 언제든지 '싫어요'라고 말할 수 있는 용기가 있단다. 나는 네가 자기 자신을 잘 지키고, 네 몸과 마음이 소중하다는 것을 스스로 느낄 수 있기를 바라. 고슴도치나 사자처럼 네 경계를 알려 주는 모습이 너무 멋져! 이렇게 용감하게 네 마음을 표현하는 모습을 늘 응원할게."

사랑하는 너에게 들려주고 싶은 말 예시

★ 자주 묻는 질문

Q. 거절했는데도 상대방이 계속 요구할 때는 어떻게 할까?

아이가 분명히 "싫어"라고 거절했음에도 상대방이 요구를 멈추지 않는다면, 아이가 단계적으로 거절할 수 있도록 가르쳐 주세요.

❶ 첫 번째 거절 | 상대방에게 "싫어"라고 단호하게 말하는 것부터 시작해요. 아이가 자신의 의사를 분명히 표현할 수 있는 것이 첫 단계입니다.

❷ 두 번째 거절 | 상대방이 계속 요구할 경우 아이가 조금 더 큰 목소리로 "싫어!"라고 말하도록 해 주세요. 큰 소리로 거절하면 주변에 있는 다른 사람들이 이 상황을 인지하고 도와줄 수 있어요.

❸ 세 번째 대응, 자리를 떠나기 | 만약 아이가 도움을 받을 수 없는 상황이라면, 그 자리를 떠나는 것도 하나의 방법입니다. 불편하거나 위협을 느낄 때는 그 상황에서 벗어나는 것이 자신을 보호하는 현명한 선택임을 아이에게 알려 주세요.

단계적으로 거절하는 법을 통해 아이는 자신의 경계를 지키는 힘을 기르고, 어려운 상황에서 스스로를 보호하는 방법을 배우게 될 것입니다.

챕터 3. 내 마음의 경계선

내 마음의 경계선

『자람집』 51p | 마음의 울타리

아이들은 때로 자신의 감정을 표현하는 과정에서 무의식적으로 친구의 '마음의 울타리'를 넘을 수 있습니다. 친구의 외모나 실수를 지적하거나, 마음에 들지 않을 때 "너랑 안 놀아" 같은 말을 할 때도 있지요. 이런 말들은 상대방에게 마음의 상처가 되고, 아이들 사이의 건강한 관계에 영향을 줄 수 있어요.

아이들이 자신의 말과 행동이 상대방에게 미칠 영향을 인식하고 마음의 울타리를 지켜 주는 방법을 배우는 것은 중요한 성장 과정입니다. 마음의 울타리는 아이의 감정과 생각을 보호하는 마음의 경계를 의미합니다. 아이가 자신의 감정을 표현할 때 상대에게 상처를 줄 수 있는 말은 피하고, 상대방의 입장에서 생각해 보는 습관을 기르면 더욱 따뜻하고 존중 있는 대화를 나눌 수 있습니다. 아이가 이 장을 읽고 자신의 마음과 타인의 마음 모두 소중하다는 사실을 깨닫고, 그 울타리를 지킬 수 있는 배려의 마음을 기르도록 함께 응원해 주세요.

마음 울타리를 존중하며 지도하는 방법

❶ 아이의 감정 표현을 존중하고 경청하기 | 아이가 불편함을 느낄 때나 슬프다고 말할 때 그 감정을 인정하고 받아 주는 것이 중요합니다. 아이가 자신의 감정을 솔직하게 표현할 수 있는 환경이 조성되면, 상대방의 감정을 이해하고 존중하는 힘도 함께 기르게 돼요. "지금 어떤 감정인지 말해 줘서 고마워. 네 마음을 알고 싶어"라는 말은 경계를 지키며 감정을 나누는 방법을 보여 줍니다.

❷ 타인의 감정을 존중하는 방법 알려 주기 | 일상 속 대화를 통해 아이에게 상대방의 입장을 생각해 보는 방법을 가르쳐 주세요. 예를 들어, 아이가 친구의 실수를 지적하려 할 때 "실수는 누구나 할 수 있는 거야. 그럴 때는 어떻게 말해 주면 친구가 기분이 좋을까?"라고 물어보세요. 상대방의 입장에서 생각하고 표현하는 연습은 아이가 친구와의 관계에서 배려심을 갖도록 도와줍니다.

❸ 일상에서 경계 존중을 몸소 실천해 보여 주기 | 보호자께서도 타인과의 관계에서 경계 존중을 실천하는 모습을 보여 주면 아이는 자연스럽게 보고 배우게 됩니다. 다른 사람의 허락 없이 물건을 사용하지 않거나, 신체 접촉을 하기 전에 동의를 받거나, 가족 사이에서도 각자의 감정을 배려하는 모습은 아이에게 경계를 존중하는 태도의 본보기가 될 거예요.

❹ 동물들의 경계 표현을 통해 자연스럽게 이해시키기 | 고슴도치가 가시를 세우거나, 고양이가 몸을 움츠리며 경계를 나타내는 모습처럼, 동물의 행동을 통해 경계를 자연스럽게 이해하게 도와주는 것도 좋은 방법입니다. 아이에게도 마찬가지로, "싫어"라고 말하는 것은 자신의 울타리를 지키기 위한 자연스러운 표현이라는 점을 일깨워 주세요. 이런 방식으로 아이는 자신과 타인의 경계를 소중히 여기게 됩니다.

★ 코멘트 작성 팁

❶ 아이의 노력을 인정하고 칭찬하기 | 아이가 자신의 감정을 솔직하게 표현했거나, 타인의 마음을 존중하는 모습을 보였을 때 이를 칭찬하는 코멘트를 남겨 주세요. "네가 친구의 마음을 존중하면서도 네 감정을 솔직히 표현하는 모습이 정말 멋졌어. 네 마음이 소중한 만큼 친구의 마음도 중요하게 생각해 줘서 기특하구나."

❷ 아이의 행동이 주변에 미치는 긍정적인 영향 언급하기 | 아이의 배려와 경계 존중이 다른 친구에게 용기를 줄 수 있다는 점을 알려 주세요. 아이의 행동이 친구를 돕고 있다는 긍정적인 의미를 담으면 아이는 자신의 행동을 더욱 소중하게 여길 것입니다. "네가 친구에게 '괜찮아, 다음에 더 잘할 수 있어!'라고 말해 준 덕분에 친구도 기운을 낸 것 같아. 너의 배려가 친구에게 큰 힘이 됐을 거야."

❸ 아이의 감정을 보호하고 존중하는 행동을 용기 있는 선택으로 격려하기 | 아이가 "싫어"라고 말할 수 있었던 것을 자신을 보호하는 용감한 행동으로 칭찬해 주세요. 아이는 자신의 경계를 지킬 때 긍정적인 감정을 느끼며 더욱 자신감을 가지게 될 것입니다. "네가 불편한 상황에서 용기 있게 '싫어'라고 말한 게 정말 대단해! 네가 마음을 잘 지켜 줘서 너무 기특해. 네가 스스로를 보호할 줄 아는 멋진 아이로 자라는 것 같아."

❹ '너의 경계가 소중하다'는 메시지 담기 | 경계를 지키는 것이 자신을 존중하고 사랑하는 멋진 행동이라는 점을 자연스럽게 느낄 수 있도록 표현해 보세요. 이를 통해 아이는 자기 자신을 더욱 소중하게 여기는 힘을 키울 수 있습니다. "네 마음과 경계가 얼마나 소중한지 잘 알고 있는 너는 정말 특별해. 네가 언제나 마음의 울타리를 잘 지키며 멋진 선택을 해 갈 수 있길 응원할게!"

“네 마음도 소중하지만, 친구의 마음도 그만큼 소중하단다. 서로의 마음을 지켜 주는 너는 정말 멋진 친구야! 네가 ‘괜찮아, 실수는 누구나 할 수 있어’라는 말을 해 주면, 친구도 용기를 얻고 너에게 고마워할 거야. 마음의 울타리를 잘 지켜 주는 모습이 정말 자랑스럽구나. 네가 스스로와 친구의 마음을 소중히 여길 줄 아는 사람으로 자라기를 항상 응원할게.”

사랑하는 너에게 들려주고 싶은 말 예시

마음 성장

『자람집』 58p | 네 마음에 귀 기울여 봐

아이들은 자라면서 다양한 감정을 경험하게 됩니다. 즐겁고 행복한 순간도 있지만, 때로는 속상하거나 슬픈 일로 마음에 상처를 받기도 하지요. 친구의 말에 마음이 아프거나, 실수로 스스로를 책망하는 일도 생깁니다. 하지만 모든 감정은 자연스럽고 소중한 것입니다. 감정에는 좋고 나쁨이 없으며, 그 감정을 잘 돌보는 것이 성장 과정의 중요한 부분이라는 점을 아이가 이해할 수 있도록 보호자가 도와주면 좋습니다.

아이들은 이 활동을 통해 자신의 '마음 날씨'를 기록하며 감정을 알아차리고, 이를 건강하게 표현하는 연습을 할 수 있습니다. 아이가 자유롭게 표현한 감정 기록을 보호자가 함께 살펴보고, 따뜻한 코멘트를 남겨 주는 과정은 아이가 자신의 감정을 더 잘 이해하고, 누군가와 나누고 위로받는 경험을 쌓는 데 큰 힘이 될 것입니다.

아이들이 감정을 건강하게 받아들이고 표현하는 힘을 기르는 과정에서 보호자의 지지와 격려는 아주 소중한 밑거름이 됩니다. 아이가 느끼는 모든 감정을 존중하며, 자신의 감정을 믿고 돌보는 법을 배우도록 돕는 것은 아이가 성장하는 데 있어 큰 힘이 될 거예요.

★ **코멘트 작성 팁**

❶ 아이의 모든 감정을 있는 그대로 인정하고 존중하기 | 아이들이 슬픔, 분노 같은 감정을 느낄 때 '이건 나쁜 감정이야'라고 여기지 않도록 모든 감정은 자연스러운 것이며 성장에 도움이 된다는 점을 아이에게 알려 주세요. "그렇게 느낄 수 있지. 네 마음에 귀를 기울이는 건 아주 중요해"라는 말은 아이가 자신의 감정을 믿고 돌볼 수 있는 자신감을 가질 수 있도록 해 줍니다.

❷ 모든 감정이 성장에 필요하다는 점 알려 주기 | 아이가 슬픔이나 화남 같은 감정도 자신의 성장에 도움이 된다는 점을 깨닫도록 도와주세요. "화가 나도 괜찮아. 그 감정은 네가 중요하게 느끼는 게 있다는 걸 알려 주니까", "슬플 때는 마음이 쉬어야 할 때란다. 그 감정도 네게 중요한 일이야"라고 전하면 아이는 자연스럽게 자신의 감정을 돌보는 법을 익히게 됩니다.

❸ 감정을 표현하고 돌보는 방법 격려하기 | 일기를 쓰거나, 그림을 그리거나, 속상했던 감정을 글로 적어 보는 것은 아이가 감정을 해소하는 좋은 방법이 됩니다. 감정을 기록하고 표현하는 행동을

멋진 일로 격려해 주세요. "네 마음을 글로 적어 줘서 정말 고마워. 너의 이야기를 듣고 싶어"라는 말은 아이가 감정을 솔직히 표현하는 것이 용기 있는 일이라고 확신을 가지게 합니다.

아이의 감정 일기에 적합한 따뜻한 코멘트 예시를 드릴게요. 이런 코멘트는 아이가 자신의 감정을 소중하게 여기고, 감정을 표현하는 것이 안전하다는 느낌을 받게 해 줍니다.

❶ "네가 속상했던 일에 대해 적어 줘서 고마워. 마음이 아팠겠다. 그런 마음을 느끼는 게 자연스러운 거란다. 네 이야기를 들어서 정말 기뻐."

❷ "오늘은 흐린 날씨처럼 기분이 울적했구나. 네 마음을 이렇게 적어 주니 네가 어떤 감정을 느끼고 있는지 알 수 있어. 고마워."

❸ "그 친구가 말한 것이 속상했구나. 네가 솔직하게 표현해 줘서 고마워. 그 감정을 알아 주는 내가 항상 네 곁에 있을게."

❹ "기쁜 날도, 울적한 날도 모두 네가 중요하게 느끼는 마음이야. 그 마음을 소중히 돌보자."

❺ "내일은 내일의 마음 날씨가 있겠지? 네가 매일 솔직하게 느낀 그대로 표현해 줘서 정말 멋지구나."

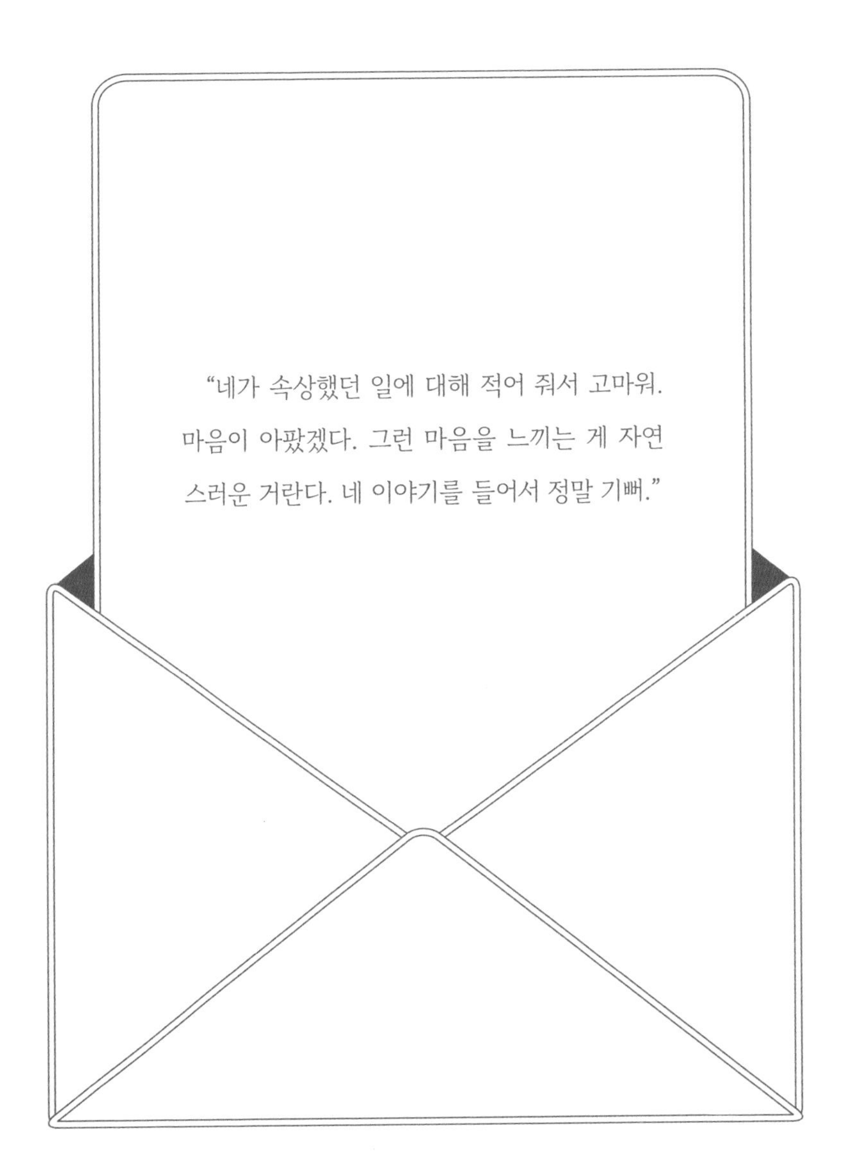

사랑하는 너에게 들려주고 싶은 말 예시

거절이 어려운 아이에게

『자람집』 71p | 거절 잘하는 방법

혹시 아이가 거절하기를 어려워하나요? 거절을 어려워하는 아이는 자신이 상대방의 감정을 상하게 할까 봐 걱정하거나, 거절 자체가 무례한 것이라고 생각할 수 있습니다. 아이에게는 자신의 마음과 타인의 기대 사이에서 갈등이 일어나기 때문에 거절이 힘든 것이지요. 이때 보호자는 아이에게 자신의 감정을 소중히 여기고, 타인의 감정을 모두 책임지지 않아도 괜찮다는 확신을 심어 줄 필요가 있습니다.

아이의 마음을 이해하기 위해 "네가 거절을 하면 어떤 기분이 들어?", "거절할 때 어떤 게 제일 어려운 것 같아?"와 같이 아이의 생각을 솔직히 들을 수 있는 질문을 해 주세요. 거절에 대한 아이의 감정을 존중하고, 아이가 자신의 감정을 표현할 때 보호자가 함께 이해하고 지지하고 있다는 안정감을 느낄 수 있게 해 주세요.

거절을 어려워하는 아이는 어떻게 양육해야 할까?

❶ 아이의 감정을 존중하고 긍정적인 피드백 주기 | 아이가 자신의 감정을 표현하고 거절할 수 있는 용기를 가질 때마다 "네가 네 마음을 표현하는 게 정말 멋지다"라고 칭찬해 주세요. 아이가 거절을 하면서 죄책감을 느끼지 않도록, 거절은 나쁜 것이 아니라 자기 자신을 존중하는 중요한 행동이라는 메시지를 전달해 주세요.

❷ 거절이 편안하게 느껴지도록 대화 모델링하기 | 보호자께서 일상에서 거절의 예를 보여 주시는 것도 좋은 방법입니다. 예를 들어, 누군가의 요청을 거절할 때 "지금은 힘들 것 같아", "고마워, 하지만 나는 괜찮아" 같은 표현을 사용하면, 아이는 자연스럽게 거절을 건강하게 받아들이는 모습을 보고 배웁니다.

❸ '거절해도 괜찮아'라는 메시지 주기 | 아이에게 거절을 해도 상대방과의 관계는 유지될 수 있다는 점을 이해시켜 주세요. 예를 들어, "거절은 네가 네 감정을 소중히 여기기 위한 행동이야. 친구도 네 감정을 이해해 줄 거야"라고 말해 주세요. 아이는 거절이 관계를 해치지 않으며, 자신의 감정을 표현해도 괜찮다는 확신을 가지게 됩니다.

아이와 함께 해 보는 거절 능력 향상 방법

❶ 역할 놀이를 통해 연습하기 | 거절이 어려운 아이에게는 역할 놀이가 큰 도움이 됩니다. 일상적인 상황에서 거절해야 하는 장면을 만들어 아이가 편안하게 거절 표현을 연습할 수 있습니다. (예시 상황은 어린이용 도서 '거절 잘하는 방법'을 확인해 보세요.) 예를 들어, 보호자가 장난감이나 책을 빌려 달라고 요청하면 아이가 "지금은 싫어"라고 거절해 보는 식이에요. 아이가 거절할 때 "거절해도 괜찮아! 네 감정이 중요해"라는 말로 긍정적인 피드백을 주세요.

❷ 거절이 필요한 구체적인 상황 예시 주기 | 거절의 필요성을 이해하도록 아이의 일상과 가까운 예시를 들려주는 것도 도움이 됩니다. 예를 들어, 친구가 아이의 장난감을 계속 요구하거나, 다른 아이가 억지로 손을 잡으려 할 때 등 구체적인 상황을 설명해 주세요. "이럴 때는 네가 싫다고 말하는 게 중요해"라고 말해 주면, 아이는 어떤 상황에서 거절해야 하는지 쉽게 이해할 수 있어요.

❸ 단호한 표현 연습하기 | 거절 표현은 간결하고 확실해야 하는데, 아이들은 어떻게 말해야 할지 잘 모를 수 있어요. "싫어요", "지금은 안 하고 싶어요", "안 할래요"처럼 거절을 직접적으로 표현하는 문장을 연습하면 거절을 더 편안하게 느낄 수 있어요. 거절이 단순하고 간단한 표현으로도 충분하다는 자신감을 갖게 해 주세요.

챕터 4. 삐- 이건 경고야!

일상 속 경계 침범

『자람집』 79p | 옐로카드

아이들은 친구와 가족과 함께 지내며 다양한 행동을 경험하게 됩니다. 때로는 장난으로 시작한 행동이 상대방에게 불편함을 줄 수 있다는 점을 이해하는 것은 다른 사람을 배려하고 존중하는 첫걸음이 되지요. 아이가 자신의 말과 행동이 다른 사람에게 어떤 영향을 줄 수 있는지 깨닫는 것은 건강한 사회적 관계를 형성하고 타인의 감정을 이해하는 데 중요한 과정입니다.

이번 활동에서는 아이가 스스로 경계 침범을 경험한 순간을 옐로카드에 적으며 경계에 대해 생각해 보는 시간을 갖게 됩니다. 보호자께서는 아이가 표현한 옐로카드를 통해 아이가 어떤 상황에서 불편함을 느끼고, 어떤 감정을 경험했는지를 이해하는 기회를 가질 수 있습니다. 아이의 이야기를 진심으로 들어 주고 지지하는 따뜻한 코멘트는 아이가 자신의 감정을 소중히 여기고, 불편한 상황에서 자신을 보호하는 힘을 기르는 데 큰 도움이 될 것입니다.

★ 코멘트 작성 팁

❶ 아이의 감정을 이해하고 존중하기 | 아이가 옐로카드에 적은 상황에 대해 아이의 감정을 그대로 인정하고, 그 감정이 소중하다는 사실을 전해 주세요. “그런 상황에서 속상했겠다. 네가 느낀 감정을 존중해”와 같은 말을 통해 아이는 자신의 감정을 자유롭게 표현할 수 있게 됩니다.

❷ 경계가 소중하다는 메시지 전달하기 | 아이가 느낀 불편함을 통해 자신의 경계가 얼마나 소중한지 이해할 수 있도록 지지해 주세요. 예를 들어 “네가 불편함을 느끼는 것은 자연스러운 일이야. 네가 소중한 사람이라는 뜻이란다”와 같은 말은 아이가 스스로를 소중히 여기는 마음을 가질 수 있게 돕습니다.

❸ 불편한 상황에서 자신을 보호하는 방법 알려 주기 | 아이가 비슷한 상황을 겪을 때, 스스로의 감정을 보호할 수 있는 방법을 알려 주세요. “그런 상황에서는 ‘싫어’라고 말해도 괜찮아”라고 말해 주면, 아이는 자신의 경계를 지킬 수 있는 힘을 가질 수 있어요.

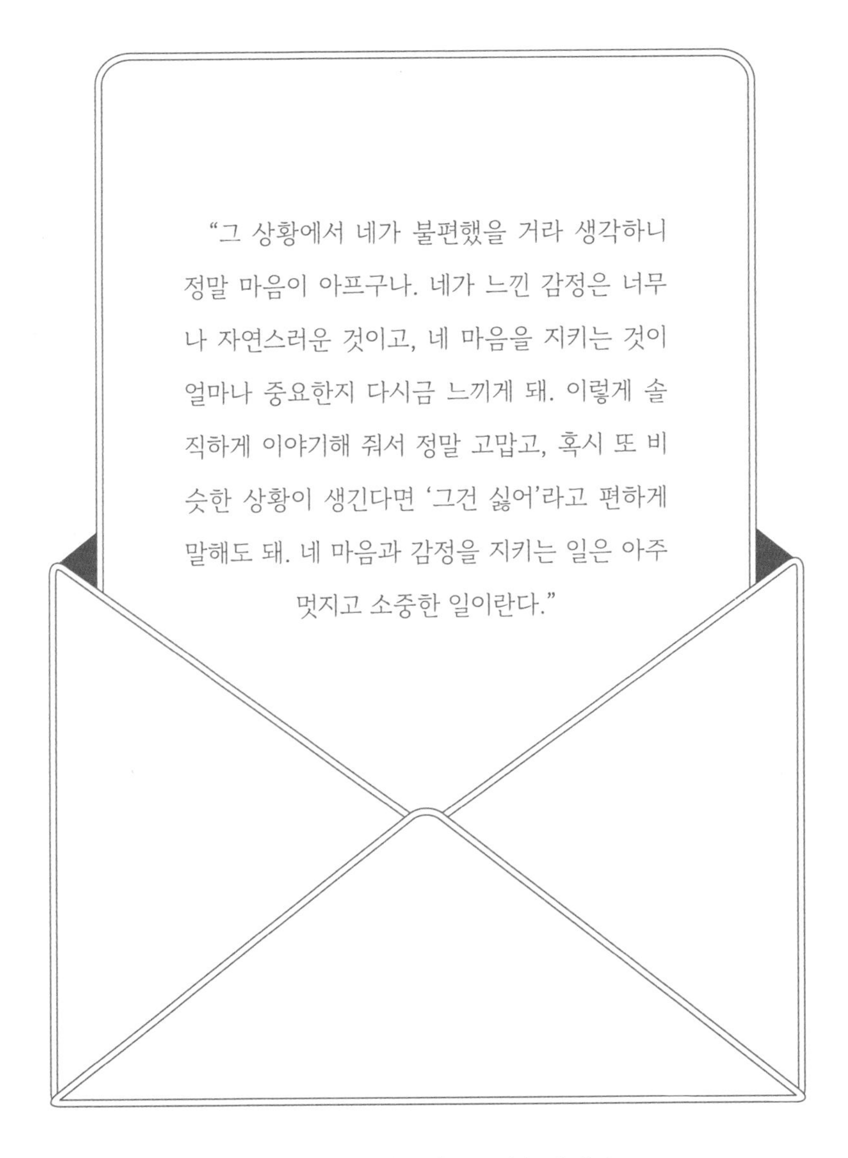

"그 상황에서 네가 불편했을 거라 생각하니 정말 마음이 아프구나. 네가 느낀 감정은 너무나 자연스러운 것이고, 네 마음을 지키는 것이 얼마나 중요한지 다시금 느끼게 돼. 이렇게 솔직하게 이야기해 줘서 정말 고맙고, 혹시 또 비슷한 상황이 생긴다면 '그건 싫어'라고 편하게 말해도 돼. 네 마음과 감정을 지키는 일은 아주 멋지고 소중한 일이란다."

사랑하는 너에게 들려주고 싶은 말 예시

마음을 지키는 진짜 칭찬

『자람집』 88p | 마음의 경계를 넘는 칭찬

아이들이 친구들과 함께 있을 때, 자연스럽게 서로에 대해 이야기하고 칭찬하는 상황이 많이 생깁니다. 친구의 외모에 대해 칭찬하거나 이야기를 나누는 것은 흔한 일이지요. 그러나 이러한 말이 아이들에게 부담을 주거나 상처를 남길 수 있다는 사실을 쉽게 잊곤 합니다. 외모에 대한 칭찬이나 의견은 때로 아이의 마음에 부담이 되거나 자존감에 영향을 미치는 요소가 되기도 해요.

이 활동에서는 아이가 칭찬을 통해 서로의 내면적인 가치를 발견하고 표현하는 법을 배우게 됩니다. 아이는 외모가 아닌 친구의 성격, 행동, 노력 등을 칭찬함으로써 진정한 칭찬이 무엇인지 깨닫게 돼요. 아이가 칭찬 카드에 친구의 마음이나 태도를 칭찬해 보는 연습을 통해 상대방의 마음을 존중하고 배려하는 법을 익히게 될 것입니다. 보호자께서 아이가 타인의 마음을 이해하며 칭찬할 수 있도록 따뜻하게 지지해 주시면, 아이는 더욱 건강한 사회적 관계를 형성하는 데 큰 힘을 얻게 됩니다.

아이와 함께 진정한 칭찬을 연습하는 방법

❶ 내면의 가치를 찾아 칭찬하기 | 아이가 칭찬 카드를 쓸 때 친구의 성격이나 노력, 좋은 행동에 대해 이야기해 보세요. 아이가 친구의 태도나 행동에서 칭찬할 점을 발견하게 하며, 진정한 칭찬은 내면을 바라보는 것이라는 점을 알려 주면 좋습니다. "친구가 발표할 때 용기를 낸 것이 정말 멋지지? 그걸 칭찬해 주면 친구도 더 힘을 낼 거야."

❷ 칭찬이 아닌 평가 피하기 | 외모에 대한 칭찬은 처음에는 기분 좋을 수 있지만, 아이가 자신의 외모에만 초점을 맞추는 평가로 느끼기 쉽습니다. 아이가 외모와 관련 없는 진정한 칭찬을 연습할 수 있도록 성격이나 노력 등 친구의 성장과 관련된 부분을 칭찬해 보세요. "친구가 너에게 먼저 다가와서 인사한 것을 칭찬해 주는 건 어때? 그런 행동은 정말 따뜻하고 배려 있는 거란다."

❸ 외모와 다른 가치들을 자연스럽게 이야기하기 | 아이가 내면의 가치를 중요하게 생각하도록 일상 대화에서 외모보다는 성격과 행동에 대한 칭찬을 더 자주 언급해 주세요. 이를 통해 아이는 사람을 판단할 때 내면의 가치를 먼저 생각하는 태도를 배우게 됩니다. "네가 도와줬을 때 친구가 많이 고마워했을 거야. 다른 사람을 도와주는 네가 정말 자랑스럽구나."

★ 코멘트 작성 팁

아이들이 친구의 장점을 찾아 칭찬하며 긍정적이고 따뜻한 관계를 맺는 법을 배우듯이, 보호자께서도 아이의 장점을 찾고 칭찬하는 특별한 카드를 작성해 보세요. 보호자로부터 받는 진심 어린 칭찬은 아이가 자신을 긍정적으로 바라볼 수 있는 힘을 길러 줍니다. 이는 단순히 자존감을 높이는 것을 넘어, 아이가 성장하면서 마주할 수 있는 어려움과 도전에 굳건히 맞설 수 있는 튼튼한 내면의 뿌리를 만들어 줍니다. 칭찬은 아이에게 "나는 가치 있는 존재야"라는 메시지를 전하며, 실패와 좌절을 딛고 일어서는 회복력을 키워 줍니다. 이러한 경험은 아이가 스스로를 믿고, 목표를 향해 한 걸음 더 나아갈 용기를 얻는 데 중요한 밑거름이 됩니다. 칭찬이 아이의 성장과 자아 형성에 실질적으로 도움이 되도록, 다음 유의 사항을 참고해 보세요.

❶ 타고난 능력이 아닌 노력에 집중하기 | 칭찬을 할 때 "넌 정말 똑똑해"와 같이 타고난 능력에 초점을 맞추기보다는 노력과 과정에 대한 칭찬을 해 주세요. 예를 들어, "정말 열심히 준비했구나. 그 노력 덕분에 좋은 결과를 얻었네!"와 같이 아이가 노력한 부분을 인정해 주면 아이는 자신의 성장 과정에 집중하게 됩니다.

연구[1]에 따르면, '귀인*'의 초점이 어디에 있는지에 따라 아이의 성장이 달라질 수 있다고 해요. 능력을 칭찬받는 아이는 실수를 두려워하거나 성장을 멈추는 경우가 많지만, 노력과 과정을 인정받는 아이는 도전과 성장을 기회로 받아들이는 경향이 있습니다. 아이가 어떤 어려움에서도 노력하고 도전하는 힘을 기를 수 있도록 노력에 초점을 둔 칭찬을 전해 주세요.

❷ 외모는 칭찬에서 제외하기 | 외모에 대한 칭찬은 아이의 자존감을 높이기보다는 자신의 가치를 외모에만 의존하게 만드는 경향이 있습니다. 연구[2]에 따르면, 외모에 대한 칭찬을 받은 아이들은 외적인 평가에 더 큰 영향을 받으며, 자존감이 외모 중심으로 형성되는 경향이 있음을 보여 줍니다.

대신, 아이의 태도나 노력, 배려심 등 내면의 가치를 칭찬해 보세요. 예를 들어, "친구가 힘들어할 때 다가가서 도와주다니 정말 따뜻한 마음을 가졌구나", "오늘 네가 끝까지 해내려고 노력한 모습이 정말 멋졌어"와 같은 칭찬은 아이의 자존감을 내면의 가치를 통해 쌓도록 돕습니다.

'귀인'이란 어떤 일이나 행동의 원인을 찾고 설명하는 것을 말해요. 쉽게 말해, 왜 그런 일이 생겼는지 이유를 생각해 보는 것지요. 예를 들어, 아이가 성적이 좋은 이유를 '노력한 덕분'이라고 생각하면 다음에도 열심히 공부하려는 마음을 갖게 될 거예요. 반면에 '나는 그냥 운이 좋았어'라고 생각하면 노력보다 결과에 집착하게 될 수 있어요. 결과적으로, 귀인은 일이 잘되거나 안될 때, 그 원인을 어디에 두는지에 관한 방식이라고 할 수 있죠.

❸ 구체적으로 칭찬하기 | 칭찬은 구체적일수록 좋습니다. “잘했어!”와 같이 추상적인 표현보다는 “오늘 발표 준비를 열심히 하더니, 정말 큰 소리로 자신 있게 발표하더라! 멋졌어!”와 같이 칭찬이 구체적일수록 아이는 자신이 무엇을 잘했는지 확실히 이해하고 스스로에게 긍정적인 피드백을 줄 수 있게 됩니다.

❹ 성과보다 과정에 초점 맞추기 | 아이의 노력을 칭찬할 때는 결과보다 과정에 초점을 맞추는 것이 중요합니다. 결과만을 칭찬하면 아이는 결과가 좋지 않을 경우 스스로를 낮추거나 비판하게 될 수 있어요. 예를 들어, “네가 어려운 문제를 차근차근 풀어낸 게 정말 자랑스러워”, “중간에 포기하지 않고 끝까지 해내려는 모습이 정말 멋져”라고 칭찬해 보세요. 이렇게 칭찬받으면 아이는 결과에 상관없이 자신의 노력을 소중히 여기고, 더 큰 성취에 도전하는 힘을 얻게 됩니다.

❺ 비교하지 않고 아이 자체를 칭찬하기 | 어린 시절에 받는 칭찬은 비교보다는 아이 자체에 초점을 맞추는 것이 중요합니다. 다른 사람과 비교하며 칭찬할 경우, 아이는 자신의 가치를 타인의 성취나 기준에 맞추게 될 위험이 있습니다. “너는 너만의 멋진 점이 있어”, “네가 해낸 이 경험이 정말 자랑스러워”라고 말해 주면, 아이는 자신만의 고유한 가치를 이해하게 되고 스스로를 존중하게 됩니다.

이제 아이에게 특별한 칭찬 카드를 만들어 보세요. 아래 예시를 참고해 아이의 내면적인 가치와 노력, 과정에 초점을 맞춘 따뜻한 칭찬을 적어 주면 좋습니다.

❶ "오늘은 친구에게 먼저 인사하고 다정하게 대해 줘서 참 멋졌어. 그런 네 모습이 자랑스러워!"

❷ "오늘 네가 끝까지 집중하며 숙제를 해내는 모습을 보니 네가 얼마나 성실한지 알 수 있었어. 정말 잘했어!"

❸ "어려운 문제를 스스로 해결해 보려고 애쓴 모습이 참 대단해! 네가 한 걸음씩 나아가는 걸 보니 나도 기쁘단다."

❹ "와, 정말 노력했구나! 이렇게 열심히 하다니 정말 대단해."

❺ "네가 친구를 도와주다니 참 기특하다. 네가 얼마나 마음이 따뜻한지 보여 주는구나."

❻ "스스로 해냈구나! 네가 해내는 모습이 정말 멋져."

❼ "오늘 너의 배려 덕분에 모두가 즐거웠을 거야. 정말 잘했어!"

❽ "매일 조금씩 노력하는 모습이 정말 멋져. 너의 성장이 보여서 나도 기쁘다."

❾ "네가 잘 듣고 공감해 주는 모습이 참 예뻐. 친구들도 너를 좋아할 수밖에 없겠어."

❿ "오늘 네가 도와줘서 정말 큰 도움이 됐어. 네가 있어서 참 든든하다!"

⑪ "새로운 것에 도전하는 용기가 정말 멋져. 계속 도전하는 네가 자랑스러워."

⑫ "너의 작은 친절이 큰 힘이 되었을 거야. 정말 대단해!"

⑬ "그 생각 참 창의적이구나! 어떻게 그런 멋진 아이디어를 생각했어?"

⑭ "잘못을 인정하고 다시 해 보는 네 모습이 정말 멋져. 그게 진정한 용기야."

⑮ "오늘도 끝까지 포기하지 않고 해냈구나. 네가 스스로 한 것을 나도 정말 자랑스럽게 생각해."

⑯ "친구의 이야기를 잘 들어 주고 이해하는 네 마음이 정말 깊고 따뜻하구나."

⑰ "네가 스스로 결정을 내린 게 정말 대단해! 네 생각을 믿고 행동하는 모습이 멋져."

1 Mueller, C. M., & Dweck, C. S. (1998). Praise for Intelligence Can Undermine Children's Motivation and Performance. *Journal of Personality and Social Psychology*, 75(1), 33-52.

2 Levine, M. P., & Piran, N. (2001). The Effects of Sociocultural Factors on Body Image: A Model for Prevention. *In Body Image: A Handbook of Theory, Research, and Clinical Practice*, 74-82.

Grabe, S., Ward, L. M., & Hyde, J. S. (2008). The Role of the Media in Body Image Concerns Among Women: A Meta-Analysis of Experimental and Correlational Studies. *Psychological Bulletin*, 134(3), 460-476.

사랑하는 너에게 들려주고 싶은 말 예시

가해자로 지목되었을 때 대응 방법

아이들이 자라다 보면 때때로 예상치 못한 행동을 하거나, 또래 친구들과 갈등 속에서 실수를 저지르기도 합니다. 만약 아이가 사이버 괴롭힘이나 성 관련 문제에서 가해자로 지목되었다면, 보호자로서 어떻게 접근하고 대처해야 할지 걱정이 클 수 있습니다. 이럴 때는 감정적으로 반응하기보다는 상황의 원인을 차분히 이해하고, 아이가 자신의 행동을 돌아보며 한 단계 성장할 수 있도록 돕는 것이 중요합니다. 아래는 아이가 가해자로 지목된 경우 보호자가 취할 수 있는 단계별 접근 방법입니다.

❶ 아이의 이야기 먼저 듣기 | 첫 번째로 중요한 것은 아이의 이야기를 차분하게 들어 주는 것입니다. 감정적으로 대응하기보다는 사실 관계를 정확하게 파악할 수 있도록 아이가 사건을 어떻게 이해하고 있는지 들어 보세요. 아이가 자신의 행동을 숨기지 않도록 비난보다 열린 자세로 이야기를 듣는 것이 중요합니다.

❷ **문제의 심각성 알려 주기 |** 보호자가 상황의 심각성을 이해하고, 아이가 피해자에게 상처를 줄 수 있는 행동을 했다는 것을 인식하도록 돕는 것이 필요합니다. 아이가 자신의 행동이 가져온 결과와 타인에게 미칠 수 있는 영향을 깨닫도록 도와주세요. 예를 들어, "네가 한 말로 친구가 상처를 받았을 수도 있어. 그 친구가 어떤 기분이었을까?"와 같이 아이가 상대방의 감정을 생각하게 해 주세요. 이를 통해 자신의 행동이 다른 사람에게 어떤 결과를 초래했는지 이해하게 됩니다. 이 과정에서 아이가 책임을 피하지 않고, 상황을 받아들이는 것이 중요합니다.

❸ **전문 상담을 통해 갈등 해결 방법 배우기 |** 아이의 행동에 따라 보호자와 아이 모두가 심리 상담이나 갈등 해결 교육을 통해 문제를 깊이 있게 이해하고 바른 대처 방법을 배울 수 있습니다. 학교 상담실, 청소년 상담 센터(1388), 탁틴내일과 같은 전문가의 도움을 받아 아이가 문제를 인지하고 올바른 관계 형성에 필요한 기술을 익힐 수 있도록 도와주세요. 특히 디지털 성범죄나 사이버 괴롭힘과 같은 문제가 있다면, 해당 영역에서의 교육이 꼭 필요합니다.

❹ **피해자에게 진심으로 사과하고 관계 회복을 위한 방법 찾기 |** 아이가 자신의 행동으로 상처받은 상대방이 있음을 이해하게 되면, 피해자에게 진심 어린 사과를 전하는 과정이 중요합니다. 피해자가

원한다면 대면 사과나 편지 등으로 진정성을 전달할 수 있습니다. 이때 사과는 강요 없이 자발적인 마음에서 우러나오도록 도와주세요. 사과와 더불어 피해자에게 일어난 일을 바로잡고 관계를 회복하기 위한 작은 노력을 함께 고민해 보세요. 단, 상대방이 사과를 원치 않는다면 직접적인 사과를 전달하려 하지 말아야 합니다.

❺ 재발 방지를 위한 지속적인 교육과 대화 유지하기 | 문제 해결 후에도 지속적으로 아이와 소통하며 재발 방지를 위한 교육을 이어가는 것이 중요합니다. 또래와의 관계에서 발생할 수 있는 다양한 상황을 아이와 함께 이야기하면서, 올바른 행동 방식을 배우고 타인을 존중하는 태도를 길러 주세요. 아이가 다시 비슷한 상황을 겪을 때, 더 성숙한 방식으로 문제를 해결할 수 있도록 격려하고 지도해 주세요.

아이에게 "잘못을 인정하고 책임을 지는 것은 중요한 성장이야"와 같은 메시지를 전달해 주세요. 아이는 보호자의 믿음과 격려 속에서 잘못을 바로잡고, 더 성숙한 사람으로 성장해 나갈 수 있습니다. 이 경험이 아이에게 더 깊이 타인을 이해하고 존중하는 법을 배우는 기회가 될 수 있도록 함께 이끌어 주세요.

아이가 가해자로 지목되었을 때, 그 상황을 성장의 기회로 삼는 것이 보호자로서 아이의 인생에 줄 수 있는 중요한 지도입니다.

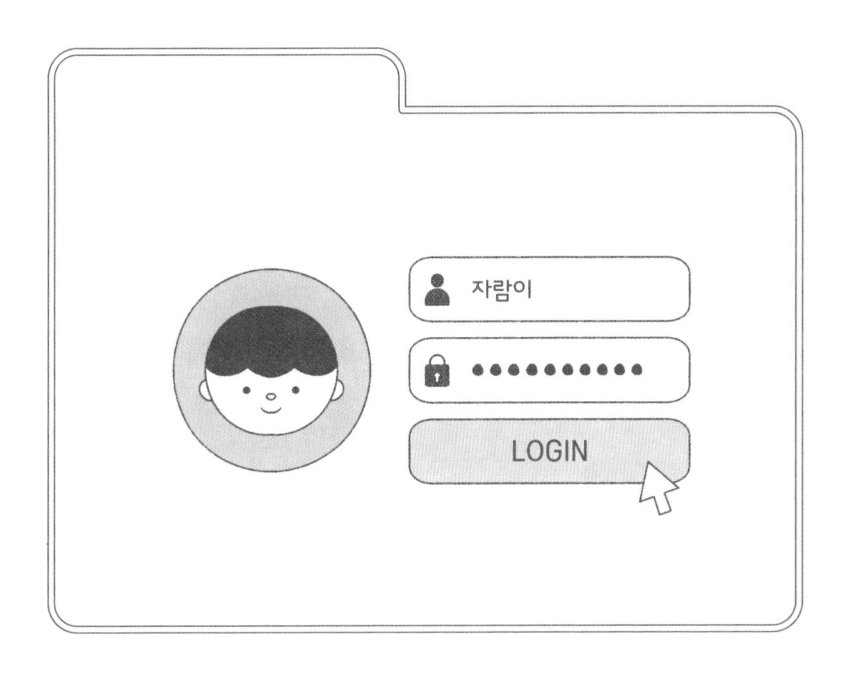

챕터 5. 안전하게 로그인

디지털 안전망 만들기

『자람집』 108p | 디지털 경계

디지털 세상은 아이들에게 무궁무진한 기회와 재미를 제공합니다. 친구와 소통하고, 새로운 정보를 얻으며, 다양한 경험을 쌓을 수 있는 공간이지요. 디지털 세상에서의 경계 지키기는 아이들이 온라인에서 안전하게 즐길 수 있도록 돕는 중요한 요소입니다. 그저 하지 말라고 막기만 하는 금기 교육은 '디지털 페어런팅*'에서 주의해야 하는 부분입니다. 디지털 경계를 지키는 법을 알려 주면 아이는 더욱 건강한 방식으로 디지털 세상에 참여할 수 있습니다. 금기보다는 안전한 방법을 제시하여 아이가 스스로 현명한 결정을 내릴 수 있게 해 주는 것이 보호자의 역할입니다.

'디지털 페어런팅'은 보호자가 아이가 디지털 기기를 안전하고 현명하게 사용할 수 있도록 돕는 것이에요. 아이와 함께 디지털 기기 사용 규칙을 정하거나, 유해한 콘텐츠를 피하는 방법을 가르치고, 온라인에서 서로를 존중하는 태도를 배우도록 돕는 것도 포함돼요.

디지털 경계와 개인 정보

개인 정보 교육을 하다 보면 '결국 개인 정보를 아무에게도 주면 안 되는 건가?'라는 고민이 들 수 있습니다. 그러나 아이들에게 개인 정보를 아무에게도 알려 주지 말라는 말은 곧 관계를 제한하라는 의미처럼 들릴 수 있습니다. 자칫하면 아이들은 온라인에서 누구와도 소통하지 말아야 한다고 생각할 수 있어요. 하지만 이미 디지털은 우리 아이들의 삶 그 자체입니다. 그러기에 무조건적인 금기와 제한이 아닌, 디지털 세상에서 안전한 관계 맺기를 통해 건강하게 경험할 수 있는 곳이라는 것을 알려 주는 것이 중요합니다. 아이들에게 실질적인 가이드를 제공해 안전하게 소통하는 법을 배우도록 도와주세요.

"개인 정보를 절대 주지 말아야 한다"라고 말하는 대신, 어떤 상황에서, 누구에게, 어떻게 안전하게 소통할 수 있는지를 알려 주는 것이 더 효과적입니다. 안전한 기준을 알려 주면 아이가 상황을 이해하고 스스로 판단하는 힘을 기를 수 있기 때문입니다. 예를 들어, 아이가 온라인에서 친구와 대화를 나눌 때 이름이나 나이 같은 기본적인 정보만을 안전한 방식으로 공유하고, 나머지 정보는 보호해야 한다는 원칙을 가르쳐 주세요. 또한, 인터넷에서 상대방이 선물이나 설문 조사, 직업을 통해 접근할 때, 신뢰할 수 있는 사람인지 한 번 더 생각해 보도록 유도하는 것이 중요합니다.

"이름과 나이 정도는 얘기할 수 있지만, 집 주소나 전화번호, 학교 이름은 알려 주지 않는 게 안전해. 그건 너의 중요한 정보라서 너와 정말 가까운 사람만 알아야 해." 이처럼 개인 정보의 중요도를 구분해서 설명해 주면 아이는 어떤 정보가 더 민감한지 이해할 수 있습니다.

"인터넷에서 누군가 너에게 주소를 물어보거나 사진을 달라고 말한다면, 가족이나 선생님처럼 정말 믿을 수 있는 어른에게 먼저 물어보고 답을 하자. 그게 네가 안전할 수 있는 가장 좋은 방법이야." 이는 안전 확인 과정을 습관화하도록 안내하는 예시입니다. 정보 요청에 대해 스스로 판단하기 전에 어른에게 먼저 묻는 습관을 길러 줄 수 있습니다.

"누군가 '선물을 줄게'라고 하면서 네 개인 정보를 물어보면 정말로 그 사람이 믿을 만한 사람인지 생각해 봐. 만약 의심스럽다면 정보를 주지 않는 게 안전해." 이는 경계를 넘을 수 있는 상황을 이해하도록 안내하는 예시입니다. 이렇게 말하면 아이가 상대방의 의도를 생각하고 경계를 지킬 수 있는 기준을 가질 수 있게 됩니다.

"네 사진이나 주소는 너무 개인적인 정보라서 가족 같이 정말 가까운 사람만 알아야 해. 인터넷에서는 내 모습을 몰라도 친구가 될 수 있단다." 이는 정보의 필요성과 관계를 이해시키는 예시입니다. 온라인에서 친구가 되기 위해 꼭 모든 개인 정보를 알려 줄 필요가 없다는 점을 자연스럽게 알려 줍니다.

"아무리 친해도 나중에 내가 후회할 것 같은 정보는 알려 주지 말

자. 안전하게 소통하면서 즐겁게 대화를 나누는 게 중요해." 이는 아이가 정보를 공유할 때 스스로 한 번 더 생각할 수 있도록 도와주는 말입니다. 이렇게 말해 주면 아이는 자신의 감정과 판단을 존중하게 됩니다.

아이와 함께 디지털 세상에서 경계를 지키는 방법

❶ 친절한 말과 행동의 중요성 이해하기 | 디지털 세상에서도 친절하고 배려 있는 말과 행동을 사용하는 것이 중요합니다. 아이가 온라인에서 친구들과 대화할 때 오프라인에서와 같은 예의와 존중을 지키도록 유도해 주세요. "디지털 공간에서도 상대방의 감정을 존중하는 게 중요해"라는 말을 통해 자신의 말과 행동이 다른 사람에게 미칠 수 있는 영향을 이해할 수 있게 도와줄 수 있습니다.

❷ 개인 정보와 디지털 경계에 대한 기본 원칙 세우기 | 아이에게 학교 이름, 집 주소, 전화번호 등은 반드시 보호해야 하는 정보라는 점을 강조해 주세요. 이러한 정보들은 아이가 본인 스스로 지켜야 하는 소중한 정보이며, 믿을 수 있는 사람 외에는 공유하지 않는 것이 안전한 방법입니다. 이때 "이 정보를 공유하면 다른 사람들이 너에 대해 너무 많이 알게 될 수 있어. 그렇기 때문에 신중해야 해"라고 설명해 주시면 더 쉽게 이해할 수 있습니다.

❸ 상대방의 경계를 존중하는 법 가르치기 | 디지털 세상에서도 상대방의 동의와 허락을 얻는 것이 중요합니다. 친구의 사진이나 영상을 공유하기 전에 허락을 구하고, 상대방의 경계를 지키는 것이 디지털 예절임을 알려 주세요. "네가 사진을 함부로 퍼뜨리면 친구의 마음이 불편해질 수도 있어"라는 식으로 행동이 미칠 수 있는 결과를 함께 이야기해 보는 것도 좋습니다.

❹ 온라인 관계에서도 스스로 지킬 수 있는 원칙 정하기 | 아이가 인터넷을 사용할 때 위험한 상황에 스스로 대처할 수 있는 방법을 미리 알려 주세요. "누군가가 네게 강요나 협박을 하거나 너를 괴롭힌다면, 반드시 믿을 수 있는 어른에게 말하고 도움을 구하자"라고 말해 주며, 아이 스스로 경계를 지키는 원칙을 확립할 수 있도록 지도해 주세요. 금지보다는 스스로 판단할 수 있는 기준을 세워 주는 것이 더 효과적입니다.

딥페이크와 디지털 성범죄

『자람집』 113p | 딥페이크

디지털 기술의 발달로 아이들이 접할 수 있는 영상과 정보의 범위는 매우 넓어졌습니다. 특히, '딥페이크*' 기술과 같은 디지털 기술은 다양한 가능성을 열어 주며, 창의적이고 교육적인 목적으로 사용할 수 있는 큰 잠재력을 갖고 있어요. 하지만 이 기술이 잘못된 목적으로 사용될 때 타인의 권리를 침해하거나 경계를 넘는 일이 발생할 수 있기에, 아이들이 디지털 경계를 이해하고 존중하는 것이 중요합니다.

'딥페이크'는 컴퓨터 기술을 이용해 사람의 얼굴이나 목소리를 합성해 진짜처럼 보이게 만드는 기술입니다. 딥페이크 기술을 악용하여 사람의 얼굴이나 신체를 디지털 기술로 조작하여 성적인 영상이나 사진으로 만들어 내고, 이를 유포하거나 공유하는 행위를 '딥페이크 성범죄'라고 말합니다.

왜 초등학생도 디지털 성범죄 예방이 필요할까?

경찰청 통계를 보면, 딥페이크 성범죄로 적발된 사람 중 83%가 10대였으며 그중 17%는 촉법소년(10세 이상 14세 미만)에 해당했어요. 특히 디지털 성범죄 피해자 중에는 청소년이 많고, 초등학생도 피해를 입는 경우가 점점 증가하고 있습니다. 아이들은 이런 기술의 위험을 잘 알지 못하기 때문에 단순한 장난이나 호기심으로 시작한 일이 큰 문제가 될 수 있다는 사실을 잘 인지하지 못해요.

우리 사회에서 디지털 성범죄가 이슈화되면서 2024년 9월부터 학교를 중심으로 디지털 성범죄 피해를 알리는 문화가 퍼졌어요. 그 결과 단기간에 920명의 학생과 교직원이 디지털 성범죄 피해를 신고했고, 그 피해자 중 상당수가 미성년자였어요. 그중 딥페이크 성범죄 피해는 청소년과 여성에게 많이 발생하고 있음이 밝혀졌어요.

2024년 1월 1일부터 9월 25일까지

전국 경찰에 접수된 딥페이크 성범죄 관련 사건 분석 결과

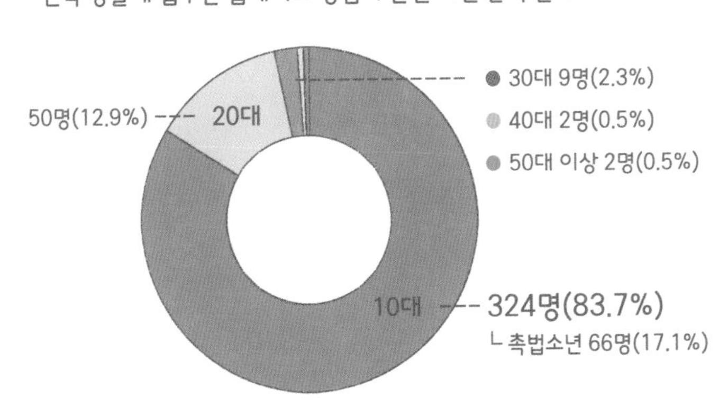

딥페이크 성범죄의 피해가 커지면서, 2024년 9월에는 딥페이크 성범죄 방지법이 통과되었습니다. 이 법은 딥페이크 성범죄물을 제작하거나 유포하는 것뿐 아니라, 이를 단순히 시청하는 것조차 처벌 대상에 포함합니다. 이제는 딥페이크 성범죄물을 소지하거나 보기만 해도 최대 3년 이하의 징역이나 벌금형을 받을 수 있게 되었어요. 이런 법적 보호 장치는 아이들이 디지털 공간에서도 안전하게 지낼 수 있도록 돕는 중요한 변화입니다.

가족이 함께 할 수 있는 디지털 안전 교육

❶ 딥페이크와 디지털 성범죄의 위험성 이야기하기 | 아이에게 딥페이크가 어떤 기술인지, 어떻게 잘못 사용될 수 있는지 알려 주세요. 특히 장난으로 시작한 일이 큰 문제가 될 수 있다는 점을 아이가 이해할 수 있도록 부드럽게 설명해 주세요. "만약 네가 좋아하는 물건을 누군가 허락 없이 가져가서 마음대로 바꾸고, 다른 사람들에게 보여 준다면 기분이 어떨까? 소중한 물건이 그렇게 되면 속상할 거야. 그런데 만약 그게 내 물건이 아니라 내 사진이나 내 모습이라면, 더 마음 아프고 불편하겠지. 내 사진이나 영상을 허락 없이 나쁜 용도로 바꿔서 보여 주는 건 잘못된 행동이고, 그런 행동을 디지털 성범죄라고 말해."

❷ 디지털 경계를 지키는 법 알려 주기 | 아이가 인터넷에서 다른 사람의 사진이나 얼굴을 합성하거나 무단으로 사용하는 것이 위험할 수 있다는 점을 가르쳐 주세요. 이때 장난처럼 여길 수 있는 상황에서 다른 사람의 경계를 존중하는 법을 배우는 것이 중요하다고 이야기해 주세요. "인터넷에서는 다른 사람의 사진이나 얼굴을 합성하거나 마음대로 사용하는 게 위험할 수 있어. 인터넷에서도 서로의 사진이나 얼굴을 마음대로 사용하지 않고, 먼저 물어보는 것이 다른 사람의 경계를 지켜 주는 중요한 방법이란다. 이렇게 해야 모두가 안전하고 즐겁게 인터넷을 사용할 수 있어."

❸ 온라인에서 콘텐츠 시청 시 신중함 갖게 하기 | 법 개정으로 인해 딥페이크 성범죄물을 단순히 보기만 해도 처벌 대상이 되었기 때문에, 아이가 온라인에서 영상을 볼 때 스스로 주의하고 신중하게 접근할 수 있는 태도를 갖도록 알려 주세요. "요즘에는 딥페이크 같은 기술로 만든 나쁜 영상도 인터넷에 올라올 수 있는데, 이런 영상을 보기만 해도 문제가 될 수 있어. 그래서 온라인에서 영상을 볼 때는 이 영상이 어떤 내용인지 한 번 더 생각해 보고 신중하게 선택하는 게 중요하단다. 재미있는 영상을 찾는 것도 좋지만, 스스로 '이건 괜찮은 영상일까?'라고 물어보는 습관을 갖는 게 안전하게 인터넷을 사용하는 방법이야."

❹ 아이에게 신뢰할 수 있는 보호자 되어 주기 | 만약 아이가 디지털 성범죄 피해를 겪는다면, 보호자께 편안하게 말할 수 있는 환경을 만들어 주는 것이 중요해요. 아이가 디지털 세상에서도 안전하게 도움을 요청할 수 있도록 보호자와 소통하는 법을 알려 주시면 좋습니다. "만약 네 사진을 누군가 마음대로 사용하고, 나쁜 사진과 합성하는 일이 생기면 꼭 나에게 알려 줘. 무슨 일이 있어도 혼자 고민하지 말고, 꼭 도움을 요청해야 해. 나는 항상 네 편이고, 어떤 상황에서도 너를 안전하게 지켜 줄 거야. 우리 함께 이야기하고 해결 방법을 찾아보자."

디지털 기술은 아이들에게 큰 기회를 제공하는 도구입니다. 하지만 올바르게 사용하지 않으면 피해를 유발할 수 있다는 점을 인지시키고, 보호자로서 아이가 디지털 세상에서 안전하게 성장할 수 있도록 따뜻하게 지도해 주시는 것이 중요합니다.

딥페이크 범죄 발생 시 대처 방법

❶ 증거 수집 | 딥페이크 영상이나 사진을 확인했다면 화면 캡처와 링크 저장 등으로 증거를 확보하세요. 관련 메시지나 게시물도 모두 기록해 두는 것이 좋습니다. 증거로 사용하기 위함입니다. 증거 수집이 어려울 경우 디지털성범죄피해자지원센터에서 도움을 받을 수 있습니다.

❷ **플랫폼에 신고 |** 영상이 유포된 플랫폼(유튜브, SNS 등)에서 해당 콘텐츠를 신고하고 삭제를 요청하세요. 대부분의 플랫폼은 불법 콘텐츠를 신고하면 빠르게 검토해 삭제 조치를 취합니다.

❸ **도움 요청 및 신고 |** 증거를 가지고 디지털성범죄피해자지원센터, 사이버수사대에 신고하세요. 딥페이크 범죄는 중대한 디지털 성범죄에 해당하므로 법적 대응이 필요합니다. 신고 시 관련된 모든 증거 자료를 제출하면 도움이 됩니다.

❹ **법률 상담 및 지원 |** 필요시 법률 지원 단체나 변호사에게 상담을 요청하세요. 한국여성인권진흥원에서 디지털 성범죄 피해자 지원을 하고 있으며, 법률 상담과 심리적 지원도 받을 수 있습니다.

❺ **삭제 지원 |** 디지털성범죄피해자지원센터에서는 피해 촬영물 삭제와 유포 현황 모니터링을 지원합니다. 플랫폼에서 해당 게시물이 삭제되더라도 이미 유포된 사진이나 영상이 남아 있을 수 있어 이러한 삭제 지원이 큰 도움이 됩니다.

❻ **심리적 지원 |** 딥페이크 범죄는 큰 심리적 충격을 줄 수 있습니다. 필요한 경우 심리 상담을 통해 정신적 피해를 회복하는 과정을 가지는 것도 중요합니다.

증거 수집	영상이나 이미지, 관련 링크, 가해자와의 대화 내용, 화면 캡처 등을 안전한 곳에 저장합니다. 증거는 삭제된 후에도 수사에 활용될 수 있도록 보관하는 것이 중요합니다.
플랫폼에 신고	사진이나 영상이 게시된 플랫폼(유튜브, SNS 등)의 신고 기능을 활용하여 해당 글을 신고합니다.
도움 요청 및 신고	디지털성범죄피해자지원센터에 신고합니다. 전화: 02-735-8994 (365일 24시간 상담) 게시판: d4u.stop.or.kr
법적 지원	디지털성범죄피해자지원센터에서 무료 법률 연계를 받습니다.
삭제 지원	디지털성범죄피해자지원센터에서 삭제 지원 및 모니터링 지원을 받습니다.
심리적 지원	심리 상담을 통해 정신적 피해를 회복하는 과정을 가지는 것도 중요합니다.

함께 활동하기

이번 활동에서는 딥페이크와 AI 같은 디지털 기술을 올바르게 사용하는 방법과 나쁜 용도로 사용했을 때의 위험성을 함께 고민하는 시간을 가질 수 있도록 도와줍니다. 추천 영화를 보고 디지털 윤리에 대해 아이와 함께 대화해 보세요. 아래는 나눌 수 있는 질문 예시입니다.

❶ 디지털 기술이 발전하면서 생기는 좋은 점과 주의할 점 | "기술이 발전하면서 우리 생활이 편리해졌어. 예를 들어, 영화 속 베이맥스는 사람을 치료해 주고, 월-E는 지구를 청소해 주지. 너는 디지털 기술이 발전하면 어떤 점이 더 좋아질 것 같아?" 아이의 상상력을 자극하면서 디지털 기술의 긍정적인 측면을 함께 이야기해 보세요.

❷ AI가 스스로 결정할 때 생기는 도전과 책임 | "AI가 스스로 결정하고 행동하면 편리할 수 있지만, 항상 올바른 선택을 할 수 있을까? 영화 속에서 AI가 판단을 잘못해 문제가 생긴 장면이 있었어?" AI와 인간의 역할, 그리고 올바른 판단의 중요성에 대해 이야기하면서 AI 사용에 대한 책임을 아이가 이해하도록 돕습니다.

❸ 기술이 잘못 사용되었을 때 생길 수 있는 위험 | "디지털 기술이 사람을 돕기 위해 만들어졌을 땐 좋은 도구야. 하지만 나쁜 목적으

로 사용되면 어떤 일이 생길 수 있을까?" 디지털 기술이 사람의 안전과 행복을 위해 쓰여야 한다는 원칙을 쉽게 전달할 수 있습니다.

❹ 작은 행동이 큰 영향을 미칠 수 있다는 점 | "디지털 세상에서도 작은 행동으로 좋은 영향을 줄 수 있는 방법이 많아. 예를 들어, 친절한 말을 남기거나, 정확한 정보를 공유하는 것처럼 말이야. 네가 디지털 세상에서 좋은 영향을 주기 위해 어떤 행동을 할 수 있을까?" 아이들이 온라인에서 다른 사람들에게 긍정적인 영향을 주는 방법에 대해 고민하고 실천할 수 있게 도와줍니다.

아이와 함께 디지털 경계를 지키며 기술을 올바르게 활용하는 법에 대해 이야기하면서 기술은 도구일 뿐이며, 이를 사용하는 사람이 책임감을 가져야 한다는 점을 이해시키면 좋습니다. 보호자로서 아이가 안전하게 디지털 세상을 경험할 수 있도록 긍정적인 대화와 지도를 이어 가는 것이 중요합니다.

★ 코멘트 작성 팁

아이와 디지털 윤리에 대해 대화해 보셨나요? 이번 장의 코멘트 페이지에는 디지털 경계와 기술 사용에 대한 아이의 생각을 존중하고 지지하는 코멘트를 남겨 주세요. 아이가 기술의 긍정적인 활용과 경계를 지키는 중요성을 더 잘 이해할 수 있을 거예요.

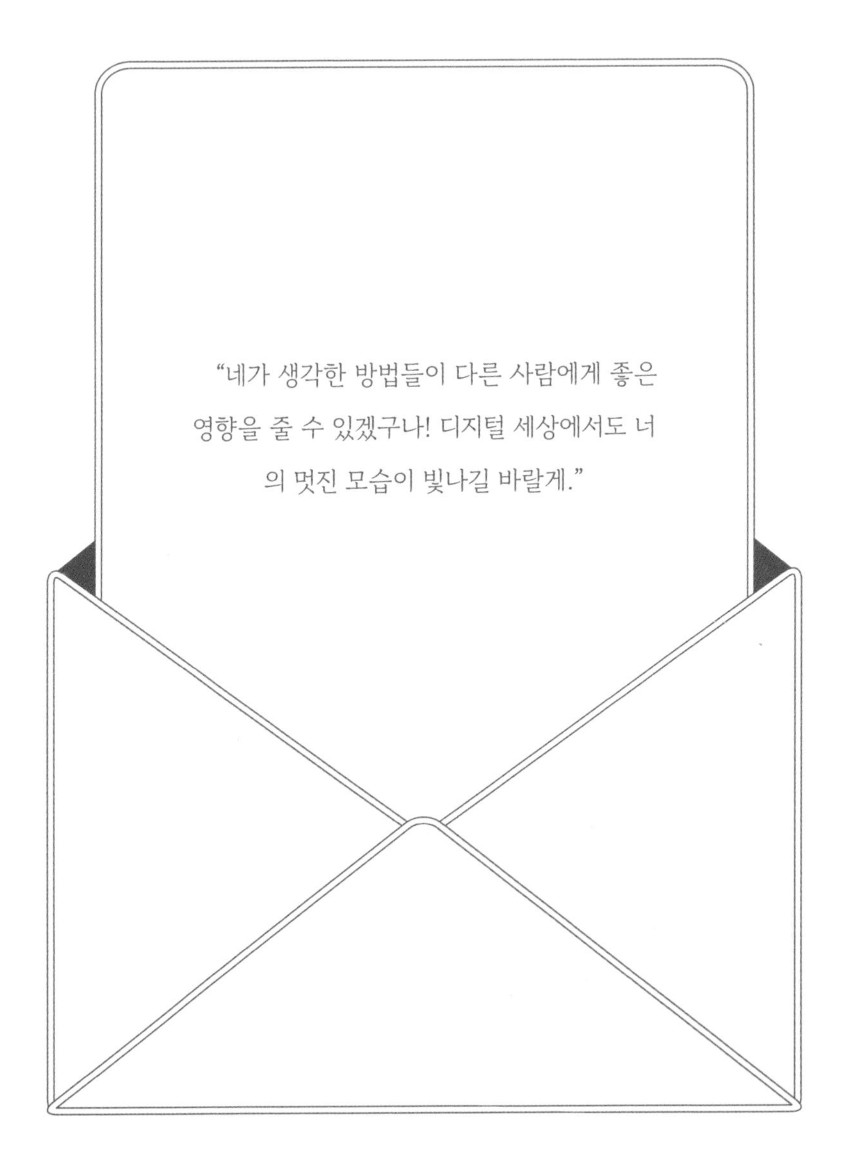

사랑하는 너에게 들려주고 싶은 말 예시

온라인 관계와 사이버 괴롭힘

『자람집』 120p | 사이버 괴롭힘

아이들이 디지털 세상에서 친구들과 소통하고 재미있는 경험을 나누는 것은 매우 자연스러운 일입니다. 요즘은 메시지, 단체 채팅방, 게임 속 채팅 등 다양한 온라인 플랫폼에서 아이들이 연결되면서 소통의 즐거움을 누리고 있죠. 그러나 이런 편리함 뒤에는 '사이버 괴롭힘'이라는 심각한 문제도 존재합니다. 온라인에서 이루어지는 대화와 행동 역시 아이들이 서로를 존중하고 배려하는 태도를 배우는 중요한 영역입니다.

2023년 방송통신위원회와 한국지능정보사회진흥원의 조사에 따르면, 초등학교 4학년부터 고등학교 3학년까지의 학생 중 40.8%가 사이버 폭력(가해, 피해, 가·피해)을 경험했다고 합니다. 이 중 상당수는 어린 시기에 처음 사이버 괴롭힘을 경험하게 되며, 피해자일 뿐만 아니라 가해자가 되기도 합니다. 또한, 푸른나무재단의 조사에 따르면 2022년 학교 폭력 피해 유형 중 사이버 폭력이 31.6%로 가장 많은 비율을 차지했으며, 이는 전년 대비 두 배 이상 증가한

수치입니다. 이는 사이버 괴롭힘이 빠르게 확산되고 있으며, 아이들에게도 점점 더 큰 영향을 미치고 있음을 보여 줍니다.

사이버 괴롭힘은 눈에 보이지 않기 때문에 아이들이 괴롭힘의 심각성을 쉽게 느끼지 못할 수 있습니다. 그러나 온라인에서 발생하는 괴롭힘 역시 현실에서의 괴롭힘만큼이나 큰 상처를 줄 수 있으며 장기적으로 아이들의 자존감과 정서적 건강에 영향을 미칠 수 있습니다. 사이버 괴롭힘 문제를 예방하고 아이들이 안전한 디지털 생활을 할 수 있도록 보호자의 관심과 교육이 무엇보다 중요합니다.

사이버 괴롭힘이란 무엇일까?

사이버 괴롭힘은 메시지나 댓글, 단체 채팅, 게임 속에서 이루어지는 괴롭힘을 의미합니다. 괴롭힘의 예로는 나쁜 말을 반복적으로 보내거나, 친구를 일부러 배제하고 뒤에서 나쁜 이야기를 하는 것이 있어요. SNS에 나쁜 소문을 퍼뜨리거나, 비밀을 공개하는 글을 올리거나, 게임 속에서 다른 친구를 무시하는 행위도 사이버 괴롭힘에 포함됩니다.

사이버 괴롭힘의 피해자는 상대방의 말과 행동으로 인해 자존감에 큰 상처를 받고 외로움을 느끼게 될 수 있으며, 이로 인해 심리적 어려움을 겪게 될 가능성이 높습니다. 보호자는 아이가 이런 행동이 단순한 장난이 아니며, 서로에게 큰 상처를 줄 수 있는 심각한 문제임을 이해할 수 있도록 도와주세요.

가정에서 할 수 있는 예방 교육

❶ 건강한 온라인 소통 방법 알려 주기 | 아이에게 온라인에서 메시지를 보내거나 댓글을 남길 때 상대방의 기분과 감정을 고려하는 태도가 중요하다고 알려 주세요. 온라인에서 나쁜 말을 하거나 친구를 소외시키는 것은 현실에서의 괴롭힘과 다르지 않다는 점을 강조해 주세요.

❷ 긍정적인 소통 연습하기 | 아이가 친구에게 긍정적인 말을 건네고 서로를 격려하는 말하기 습관을 갖도록 가정에서 함께 연습해 보세요. 예를 들어, "친구들에게 친절한 너의 모습이 참 멋져"와 같이 매일 친구에게 따뜻한 한마디를 전하는 것을 장려하거나, 서로의 장점을 칭찬하는 활동을 통해 긍정적인 소통 방식을 배울 수 있습니다.

❸ 사이버 괴롭힘에 대해 설명하기 | 나쁜 메시지 반복해서 보내기, 단체 채팅방에서 특정 친구를 따돌리기, 게임에서 일부러 방해하기 등 다양한 괴롭힘 예시를 통해 아이가 문제 상황을 명확히 이해할 수 있게 도와주세요. 또한 괴롭힘을 당한 친구가 어떤 감정을 느낄 수 있는지 알려 주세요. 친구가 상처받고 외로움을 느낄 수 있다는 사실을 알게 되면, 아이는 더 신중하게 행동할 것입니다.

❹ 괴롭힘 목격 시 적극적으로 돕기를 가르치기 | 아이들이 사이버 괴롭힘을 목격했을 때 '적극적인 주변인'이 되어 피해자를 돕는 용기를 가질 수 있도록 격려해 주세요. 적극적으로 돕는 방법에는 다음과 같은 내용이 있습니다.

- 괴롭힘을 당한 친구에게 "내가 네 편이야"와 같은 메시지를 보내는 것이 큰 힘이 될 수 있다고 알려 주세요.
- 괴롭히는 사람에게 조심스럽게 "이건 너무 심한 것 같아"라고 부드럽게 말하는 방법을 연습하는 걸 도와주세요.
- 괴롭힘이 반복되거나 심각한 경우에는 꼭 어른들에게 알리라고 설명해 주세요.

❺ 사이버 괴롭힘 상황에 대처하는 법 알려 주기 | 만약 아이가 사이버 괴롭힘을 당할 경우 혼자 해결하려 하지 말고 보호자나 선생님께 말할 수 있도록 격려해 주세요. 이때 괴롭힘의 증거를 캡처해 두는 것이 중요하며, 괴롭힘을 당한 내용을 삭제하지 않고 기록해 두면 도움이 될 수 있습니다. "혹시라도 친구들 때문에 불편한 일이 생기면 나한테 이야기해 줘도 괜찮단다. 온라인에서든, 학교에서든 너의 이야기를 듣고 도와줄게. 무슨 일이든지 함께 해결해 나가자."

★ 코멘트 작성 팁

아이가 사이버 괴롭힘 예방 활동을 통해 배운 내용을 실천하고 있다는 점을 격려해 주는 코멘트는 아이에게 큰 자신감을 줄 수 있습니다. 코멘트를 작성할 때는 다음 팁을 참고하세요.

❶ 아이가 작성한 답변 활용하기 | 아이가 활동지에 작성한 '내가 했던 좋은 말' 답변을 활용해서 작성해 보세요. "착하다!"와 같은 말보다는 아이의 특정 행동을 구체적으로 칭찬하는 것이 더 효과적입니다.

❷ 긍정적인 변화와 성장 강조하기 | 아이가 활동을 통해 배우고 성장한 점을 강조해 주세요. 예를 들어, "네가 친구를 더 배려하려고 노력하는 모습이 너무 멋져!"와 같이 아이가 얻은 성장을 칭찬하면 자부심을 느끼게 되고, 지속적으로 좋은 습관을 유지하는 데 도움이 됩니다.

❸ 문제를 해결할 수 있는 힘을 길러 주는 말 사용하기 | "네가 언제든지 도움을 요청할 수 있다는 걸 기억해"와 같은 말을 사용해 아이가 사이버 괴롭힘을 목격하거나 겪을 때 혼자 고민하지 않고 어른에게 말할 수 있는 용기를 가질 수 있도록 격려해 주세요.

"만약 네가 괴롭힘을 목격했을 때 피해자에게 따뜻한 말을 전해 주는 것만으로도 큰 도움이 될 수 있어. 네가 괴롭힘 상황을 보고도 그저 지나치지 않고 친구에게 응원과 도움을 주려 한다면, 그것은 정말 멋진 용기야. 괴롭힘을 당하는 친구가 혼자가 아니란 걸 알게 해 주는 것만으로도 그 친구는 큰 위로를 받을 거야. 네가 언제나 친구를 위해 용기를 낼 수 있는 멋진 친구가 될 거라고 믿어."

사랑하는 너에게 들려주고 싶은 말 예시

온라인 그루밍 예방 가이드

『자람집』 132p | 온라인 그루밍

오늘날 아이들이 디지털 기기를 사용하는 것은 생활의 일부가 되었고, 아이들은 온라인 공간에서도 다양한 경험을 하며 친구를 사귀고 즐거운 시간을 보냅니다. 하지만, 이 속에서도 '온라인 그루밍'과 같은 위험한 상황에 대비해 아이가 스스로를 보호할 수 있는 방법을 가르치는 것이 필요합니다. 온라인 그루밍이란 나쁜 의도를 가진 사람이 인터넷을 통해 아이들에게 접근하여 친해지고 신뢰를 쌓은 후, 그 신뢰를 이용해 성적 행동을 하도록 유도하고 착취하는 행위를 말합니다.

보호자로서 아이가 온라인에서 이러한 상황에 맞닥뜨렸을 때 혼자 해결하려 하지 않고 즉시 도움을 요청할 수 있도록 안심할 수 있는 환경을 만들어 주는 것이 중요합니다. 아이에게 온라인에서 생기는 상황들이 자신의 잘못이 아니며, 도움을 요청하는 것이 올바른 방법이라는 점을 강조해 주세요.

온라인 그루밍의 주요 단계

❶ **친근하게 다가오기 |** 아이가 좋아하는 게임, 취미, 관심사를 이용해 친근하게 다가와요. "안녕! 나도 그 게임 좋아해! 너랑 친구가 되고 싶어"라며 친구처럼 접근하지요. 처음에는 나쁜 의도를 전혀 드러내지 않기 때문에 아이가 쉽게 친근감을 느낄 수 있어요.

❷ **신뢰 쌓기 |** 나쁜 의도를 가진 사람은 아이와 더 가까워지기 위해 칭찬을 하거나 선물을 주겠다고 하면서 자신을 좋은 사람처럼 보이려 해요. 예를 들어 "너는 정말 멋진 아이야"라며 칭찬하거나 "너에게 게임 아이템을 줄게"라고 말하면서 신뢰를 쌓으려 해요. 이 과정에서 아이는 상대방을 점점 더 믿게 돼요.

❸ **비밀 요구하기 |** 그다음에는 "이건 우리 둘만의 비밀이야. 다른 사람에게 말하면 안 돼"라며 비밀을 요구해요. 이런 식으로 비밀을 강요하면 아이는 불안감을 느낄 수도 있지만, 한편으로는 비밀을 지켜야 한다고 생각하게 돼요.

❹ **성적 행동 요구하기 |** 마지막에는 아이에게 위험하거나 부적절한 부탁을 해요. 예를 들어, 특정한 사진을 보내 달라고 하거나 성적 행동을 해 달라고 요구할 수 있어요. 이때 아이는 이미 그 사람을 신뢰하게 된 상태라 요청에 따를 수밖에 없다고 느낄 수 있어요.

온라인 그루밍 예방을 위한 대화

아이들과 온라인 그루밍에 대해 대화할 때는 친근한 대화로 경계를 지키고, 문제 발생 시 도움을 요청하는 것이 중요하다는 점을 자연스럽게 전달해 주는 것이 좋습니다. 온라인 그루밍에 대해 대화를 하다 보면 조심하고 경계해야 한다는 데 집중하곤 합니다. 그러나 아이들에게는 온라인에서 위험을 인지하는 방법뿐 아니라, 안전하고 건강한 관계란 무엇인지 자연스럽게 이해할 수 있는 대화가 필요합니다.

❶ 온라인 관계의 특성 알려 주기 | 온라인에서의 만남은 오프라인 관계와 본질적으로 다릅니다. 아이에게 온라인 관계의 특성을 이해시켜 주어 안전한 거리를 두고 관계를 유지할 수 있도록 도와야 합니다. 아이에게 화면 너머에 있는 상대방이 진짜 어떤 사람인지 쉽게 확인할 수 없다는 점을 설명해 주세요. 온라인에서는 나이나 성별, 직업을 속이거나 다른 신상을 가짜로 이야기하는 일이 흔합니다. 아이에게 게임 속 친구가 "나도 네 학교에 다녀"라고 말해도, 실제로 확인할 방법은 없다는 사실을 알려 주어 온라인에서의 말이 언제나 사실이 아닐 수도 있다는 점을 인식하게 해 주세요.

❷ 건강한 친구 관계 설명하기 | 아이에게 온라인이든, 오프라인이든 건강한 관계는 서로를 배려하고 존중하는 것으로 시작됨을 알

려 주세요. "좋은 친구는 네가 기분 나쁜 상황에 처하지 않도록 배려하고, 네가 싫어하는 것은 강요하지 않아"라고 설명해 주면, 아이는 상대방이 배려하는지의 여부로 관계의 건강함을 판단하는 법을 익힐 수 있습니다. 예를 들어, "좋은 친구는 네가 편안함을 느낄 수 있도록 행동하고, 네가 불편함을 느낄 때 그것을 이해해 줘. 온라인에서도 서로를 배려하고, 때로는 천천히 알아 가는 것이 중요해"라고 알려 주세요. 건강한 관계는 오랜 시간 동안 천천히 쌓여 가며, 진정한 친구는 어떤 상황에서도 서로를 존중한다는 점을 강조하면 좋습니다.

❸ 비밀을 강요하는 관계의 위험성 설명하기 | 온라인 그루밍 가해자들은 신뢰가 어느 정도 쌓이면 아이에게 "이건 우리 둘만의 비밀이야"라며 비밀을 강요하여 아이가 상황을 숨기게 만듭니다.[1] 비밀 요구는 온라인 그루밍 피해 대응을 늦추게 만드는 위험 요소입니다. 아이에게 "좋은 친구는 비밀을 강요하지 않아"라고 이야기해 주세요. "누군가 '우리만의 비밀이야, 어른들에게 말하면 안 돼'라고 말한다면, 그것은 좋지 않은 신호일 수 있어. 좋은 친구는 비밀을 요구하지 않고, 가족이나 선생님에게 이야기해도 괜찮다고 생각할 거야"라고 설명해 주세요.

1 Child Exploitation and Online Protection Centre (CEOP)

❹ 불편한 상황에서 도움을 청하는 법 이야기하기 | 디지털 세상에서도 불편한 일이 생길 수 있음을 자연스럽게 상기시키고, 이때 믿을 수 있는 어른에게 바로 이야기할 수 있도록 편안한 분위기를 조성해 주세요. 예를 들어, "온라인에서 누군가가 네가 불편하게 느낄 만한 말을 하거나 요청을 하면 주저하지 말고 나에게 말해도 돼"라고 말해 주세요. 이때, 아이가 보호자가 자신의 편이라는 점을 인식하도록 "무슨 일이 있어도 나는 언제나 네 편이야. 그리고 절대 네 잘못이 아니야"라고 덧붙이면, 아이는 부담 없이 문제를 공유할 수 있게 됩니다.

★ 코멘트 작성 팁

이 장에서는 아이가 위험을 인지하였을 때 보호자에게 편하게 이야기할 수 있는 환경을 만들어 주는 것을 목표로 합니다. 코멘트를 통해 아이에게 신뢰감을 주고, 언제나 보호자가 도움을 줄 준비가 되어 있다는 안정감을 심어 주면 아이는 어려운 상황에서도 주저하지 않고 보호자에게 도움을 요청할 수 있습니다.

❶ 부담을 덜어 주는 표현 사용하기 | 아이가 불편한 상황에서 도움을 요청하는 것을 어려워하지 않도록 "언제든 편하게 말해도 돼"와 같이 가볍게 말할 수 있는 표현을 사용하세요. 이를 통해 아이는 보호자가 편안하게 자신의 이야기를 들어 줄 것이라 느끼게 됩니다.

❷ 아이의 감정과 생각 존중하기 | "나는 언제나 네 감정을 믿고 지지할 준비가 되어 있어"와 같은 말을 덧붙여 아이의 생각을 존중하고 있다는 인식을 심어 주세요. 아이는 자신의 감정을 믿고 표현하는 데 더 자신감을 가지게 됩니다.

❸ '너의 편이야'라는 메시지 강조하기 | 아이에게 "어떤 일이 생겨도 나는 항상 네 편이야"라는 코멘트를 사용하여 보호자가 언제든지 아이의 편에 서서 도와줄 것이라는 안정감을 전달합니다.

❹ 부끄러워하거나 미안해하지 않도록 안심시키기 | 아이가 이야기하는 데 부끄럽거나 미안해하지 않도록 "네 잘못이 아니니 걱정하지 않고 말해 줘도 돼"와 같은 문구로 부담을 줄여 주세요.

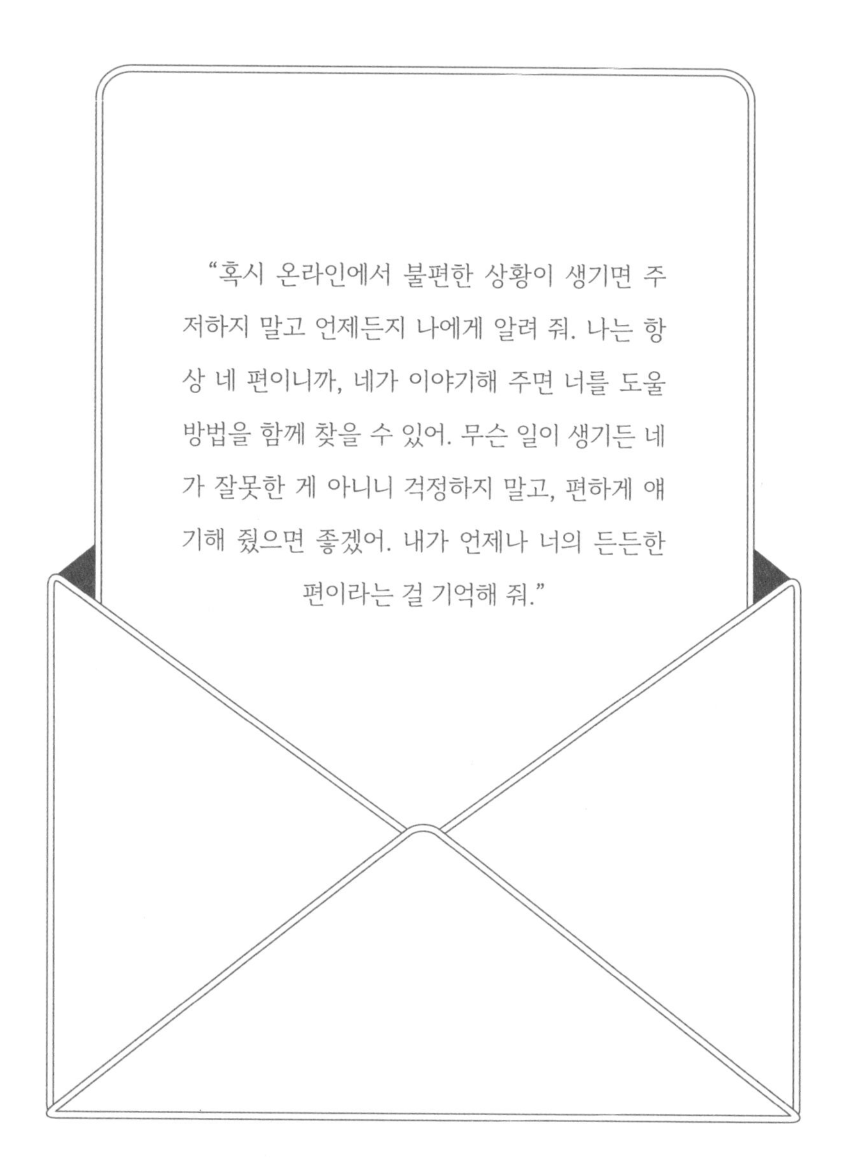

"혹시 온라인에서 불편한 상황이 생기면 주저하지 말고 언제든지 나에게 알려 줘. 나는 항상 네 편이니까, 네가 이야기해 주면 너를 도울 방법을 함께 찾을 수 있어. 무슨 일이 생기든 네가 잘못한 게 아니니 걱정하지 말고, 편하게 얘기해 줬으면 좋겠어. 내가 언제나 너의 든든한 편이라는 걸 기억해 줘."

사랑하는 너에게 들려주고 싶은 말 예시

디지털 증거 수집 가이드

디지털 증거를 안전하게 수집하고 보관하는 일은 아이를 보호하는 중요한 방법 중 하나입니다. 디지털 증거는 아이가 겪은 상황을 명확하게 보여 줄 수 있으며, 필요한 경우 학교나 기관, 경찰에 도움을 요청할 때 큰 도움이 됩니다. 아이에게도 괴롭힘을 당했을 때 증거를 남기는 것이 문제를 해결하는 데 도움이 될 수 있다는 점을 알려 주세요. 보호자의 세심한 지원과 체계적인 증거 보관은 아이가 디지털 공간에서 더욱 안전하게 성장할 수 있도록 돕는 든든한 울타리가 될 것입니다.

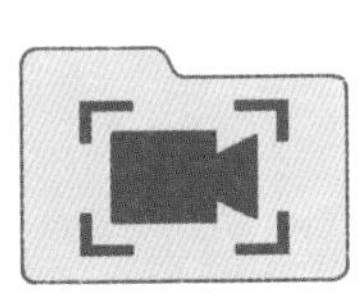
화면 녹화

대화 저장

증거 보관

캡처 및 스크린 샷 저장하기

사이버 괴롭힘이 일어나고 있다면 스크린 샷으로 캡처하는 방법을 사용해 보세요. 대부분의 스마트폰에서는 전원 버튼과 볼륨 버튼을 동시에 누르거나, 설정에서 스크린 샷 기능을 추가할 수 있습니다. 아이가 혼자 증거를 수집해야 할 때를 대비해 스마트폰이나 컴퓨터에서 화면을 캡처하는 방법을 알려 주는 것도 좋습니다.

특정 메시지나 댓글, 게시물 등 화면에 나타나는 증거를 사진으로 남기면 후에 참고하기 쉽습니다. 인스타그램, 페이스북, 트위터와 같은 SNS의 댓글이나 게시물은 언제든 삭제될 수 있으므로 화면 캡처를 통해 보관합니다. 만약 가능하다면 타임스탬프(게시된 시간)가 포함된 화면을 캡처하면 더욱 확실한 증거가 됩니다.

화면 녹화하기

영상이나 채팅처럼 사진 하나로 담기 어려운 내용은 화면 녹화 기능을 활용해 증거를 수집해 주세요. 스마트폰을 활용한 화면 녹화 방법은 다음과 같습니다.

삼성 스마트폰 (One UI 기준)

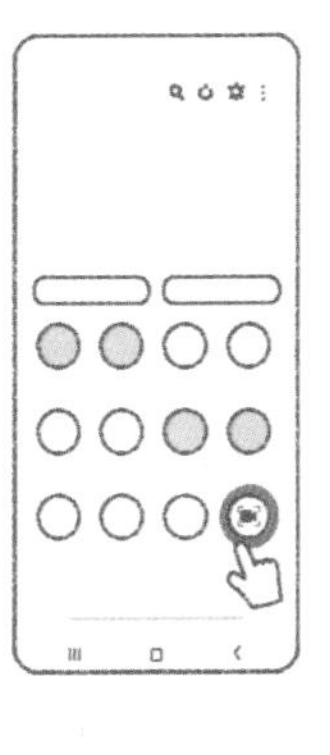

❶ 퀵 패널 열기

화면 상단에서 아래로 스와이프하여 빠른 설정 메뉴(퀵 패널)를 엽니다.

❷ 화면 녹화 아이콘 찾기

빠른 설정 아이콘들 중에서 화면 녹화 아이콘을 찾아 탭합니다. 만약 화면 녹화 아이콘이 보이지 않으면 퀵 패널을 추가로 스와이프해 더 많은 아이콘 보기를 하거나 퀵 패널 편집에서 아이콘을 추가할 수 있습니다.

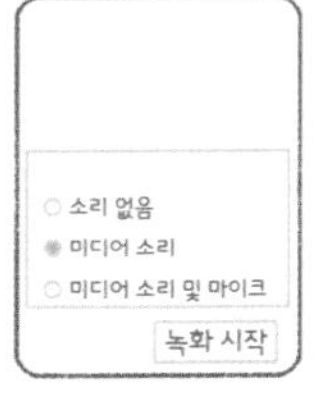

❸ 녹화 설정 (선택 사항)

화면 녹화 아이콘을 탭하면 녹음 여부(미디어 소리만 녹음, 미디어 및 마이크 녹음 등)를 설정할 수 있습니다.

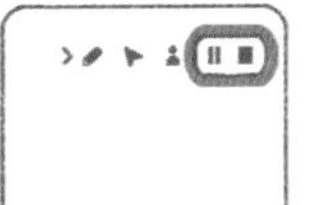

❹ 녹화 시작

녹화 시작 버튼을 탭하면 3초 후에 화면 녹화가 시작됩니다.

❺ 녹화 종료

녹화를 중지하려면 화면 상단의 녹화 중지 버튼을 탭합니다. 녹화된 영상은 갤러리 앱에 저장됩니다.

아이폰 (iOS 14 이상 기준)

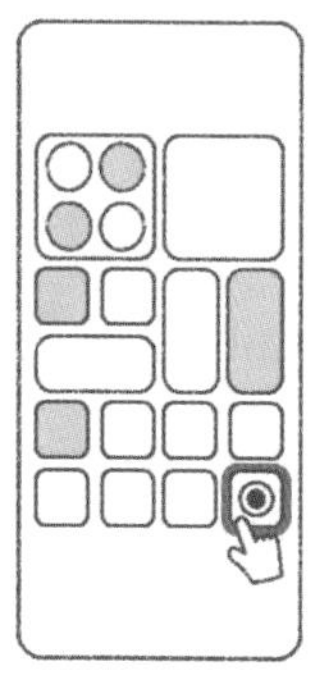

❶ 제어 센터 열기

• Face ID 모델: 화면 오른쪽 상단에서 아래로 스와이프하여 제어 센터를 엽니다.

• 홈 버튼 모델: 화면 하단에서 위로 스와이프하여 제어 센터를 엽니다.

❷ 화면 녹화 아이콘 찾기

제어 센터에서 화면 녹화 아이콘을 찾아 탭합니다. 만약 화면 녹화 아이콘이 보이지 않으면 설정-제어 센터-제어 항목 사용자화로 이동하여 화면 녹화 추가를 눌러 제어 센터에 추가하세요.

❸ 녹화 시작

화면 녹화 아이콘을 탭하면 3초 후에 화면 녹화가 시작됩니다. 녹음을 하려면 아이콘을 길게 누른 후 마이크 켜기를 선택할 수 있습니다.

❹ 녹화 종료

녹화를 중지하려면 제어 센터에서 화면 녹화 아이콘을 다시 탭하거나 화면 상단의 빨간 녹화 표시를 탭한 후 중지합니다. 녹화된 영상은 사진 앱에 저장됩니다.

대화 저장하기

대화 기록을 백업하거나 내보내기 옵션을 통해 저장해 두세요. 카카오톡, 페이스북 메신저, 인스타그램 DM과 같은 앱에서는 대화 백업 기능이 있으므로 아이가 괴롭힘을 당하거나 문제가 발생했을 때 이 기능을 사용해 대화 전체를 안전하게 보관할 수 있습니다. 백업 후 백업 파일을 컴퓨터나 USB 등 외부 저장소에 따로 저장해 두면 필요할 때 쉽게 찾을 수 있습니다.

❶ 증거 파일 이름 정리하기 | 파일 이름에 날짜, 발생한 플랫폼, 주요 내용을 포함해 저장하면 쉽게 찾을 수 있습니다. 예를 들어, 2025_08_15_KakaoTalk_Message.png와 같은 방식으로 파일 이름을 정리하면 도움이 됩니다.

❷ 중요한 증거는 이중 백업하기 | 중요한 증거는 컴퓨터와 USB 또는 클라우드 등 두 곳 이상에 백업해 두는 것이 좋습니다. 클라우드 스토리지를 사용할 경우, 반드시 계정 보안을 강화하고 아이의 증거 파일이 안전하게 보호될 수 있도록 설정을 확인해 주세요.

❸ 아이의 개인 정보 보호하기 | 증거 수집 중 아이의 개인 정보나 다른 친구들의 정보가 포함될 수 있으므로 불필요한 정보는 보관하지 않고 삭제하거나 비공개로 처리하는 것이 좋습니다.

도움받을 기관

아이들이 자라며 겪을 수 있는 다양한 상황에서, 불편하거나 위협적인 경험을 하게 되는 경우가 있습니다. 특히 성폭력은 혼자서 감당하기 어렵고 도움이 필요한 문제입니다. 이러한 상황이 발생했을 때 아이들과 보호자가 도움을 받을 수 있는 기관들을 소개합니다. 이곳에서 전문가의 상담과 지원을 받을 수 있으니, 혼자 고민하거나 두려워하지 말고 언제든 도움을 요청해 주세요.

여성긴급전화 1366

여성긴급전화 1366은 성폭력, 가정 폭력, 디지털 성범죄와 같은 다양한 문제에 대응하는 긴급 지원 센터입니다. 전국 24시간 운영되어 언제든지 도움을 요청할 수 있습니다. 성폭력이나 디지털 성범죄와 같은 어려운 상황에서 심리적인 지원과 함께 법률적인 상담도 받을 수 있습니다. (전화: 1366 | 상담 서비스: 긴급 전화 상담, 심리 상담, 관련 기관 연계)

디지털성범죄피해자지원센터

디지털성범죄피해자지원센터는 불법 촬영, 이미지 유포 등의 디지털 성범죄 피해에 대해 지원하는 기관입니다. 피해자가 요청할 경우 피해 영상 삭제 지원과 같은 실제적인 도움을 받을 수 있으며, 법률 상담과 심리적 지원 서비스도 제공합니다. (운영 기관: 한국여성인권진흥원 | 전화: 02-735-8994 | 상담 서비스: 디지털 성범죄 영상 삭제, 법률 상담, 심리 상담)

청소년사이버상담센터(청소년1388)

청소년사이버상담센터는 청소년들이 겪는 문제를 온라인에서 쉽게 상담받을 수 있는 곳입니다. 전화 상담, 문자 상담, 카카오톡 채팅 상담 등 다양한 방법으로 도움을 요청할 수 있어 접근이 용이합니다. 디지털 성범죄나 또래 성폭력에 관한 상담뿐 아니라 심리적 불안과 스트레스를 겪는 청소년들도 익명으로 도움을 받을 수 있습니다. (전화: 1388 | 상담 서비스: 전화 상담, 온라인 및 문자 상담)

푸른나무재단(학교폭력SOS센터)

푸른나무재단은 학교 폭력 및 또래 성폭력 등 학교 내외에서 발생하는 폭력 사건에 대해 긴급 지원을 제공하는 기관입니다. 피해 학생이 안전하게 학교생활을 이어 갈 수 있도록 도와주며, 상담과 법적 지원도 함께 진행합니다. (전화: 1588-9128 | 상담 서비스: 법

률 상담, 심리 상담, 학교와의 중재 지원)

한국성폭력상담소

한국성폭력상담소는 성폭력 피해자들이 신속하게 상담받고 필요한 법적 지원을 받을 수 있는 곳입니다. 피해자와 가족들을 위한 법적 지원과 심리적 회복 프로그램이 준비되어 있으며, 성폭력 피해 예방을 위한 다양한 정보도 제공하고 있습니다. (전화: 02-338-5801 | 상담 서비스: 법률 상담, 심리 상담, 사건 접수 및 중재)

십대여성인권센터

십대여성인권센터는 십 대 여성들의 인권 보호와 성폭력, 디지털 성범죄 문제에 대해 지원하는 전문 기관입니다. 주로 십 대 여성들을 대상으로 성폭력 피해 상담, 법률적 지원, 심리 지원, 피해 복구 과정에서의 상담을 제공하며, 안전한 삶을 위한 교육과 안내 자료도 제공하고 있습니다. (전화: 010-8232-1319, 010-6864-1319 | 상담 서비스: 십 대 여성 성폭력 상담, 법률 상담, 심리 상담 및 정보 제공)

도움을 요청하는 것도 용기

성폭력이나 디지털 성범죄와 같은 어려운 상황에서 도움을 요청하는 것은 매우 용기 있는 행동입니다. 이와 같은 경험은 결코 피해자의 잘못이 아니며, 필요한 도움을 받기 위해 언제든지 문을 두드릴 수 있다는 점을 아이와 보호자가 인식하는 것이 중요합니다. 주변의 도움을 통해 아이가 안전하고 건강하게 문제를 해결할 수 있도록 보호자와 각 기관이 함께하는 것이 큰 힘이 됩니다.

마치는 글

『자람집』의 마지막 페이지를 덮으며, 아이와 보호자님 모두가 새로운 배움과 성장의 시간을 함께하셨기를 바랍니다. 경계와 존중의 개념은 단순한 지식을 넘어, 아이가 살아가면서 타인과 건강한 관계를 맺고, 자신의 몸과 마음을 소중히 여기며, 스스로를 지켜 갈 수 있는 중요한 기반입니다. 보호자님께서 이 여정을 따뜻하게 함께해 주셔서 아이에게 안전하고 배려 깊은 관계의 의미가 조금씩 마음에 자리 잡았을 것입니다.

이제 일상 속에서 아이와 함께한 『자람집』의 이야기를 이어 가 주세요. 대화 속에서 아이의 생각을 듣고, 스스로 결정할 기회를 제공하며 경계를 존중하는 모습을 보여 주신다면, 아이는 자연스럽게 그 가치를 느끼고 배우게 될 것입니다. 또한, 아이가 새로운 질문이나 도전을 만날 때, 보호자님의 격려와 지지가 아이에게 커다란 힘이 될 것입니다.

앞으로 아이가 자라며 경험할 다양한 상황 속에서 『자람집』에서 배운 가치를 떠올리고, 사랑과 존중으로 스스로를 지키는 멋진 모습으로 성장하길 바랍니다. 이 여정에 함께해 주셔서 감사드리며, 가정에서의 따뜻한 지지와 대화로 아이에게 든든한 힘이 되어 주시길 바랍니다.